Daniela Brieschenk

Einflüsse von sozialen Faktoren auf die Genesung

Analyse anhand einer Studie
in einem Kinderheim in Südafrika

Bachelor + Master
Publishing

Brieschenk, Daniela: Einflüsse von sozialen Faktoren auf die Genesung. Analyse anhand einer Studie in einem Kinderheim in Südafrika, Hamburg, Diplomica Verlag GmbH 2012

Originaltitel der Abschlussarbeit: Salutogenetische Aspekte am Beispiel Südafrika

ISBN: 978-3-86341-408-5

Druck: Bachelor + Master Publishing, ein Imprint der Diplomica® Verlag GmbH, Hamburg, 2012

Zugl. Katholische Universität Eichstätt-Ingolstadt, Eichstätt, Deutschland, Bachelorarbeit, März 2012

Bibliografische Information der Deutschen Nationalbibliothek:

Die Deutsche Nationalbibliothek verzeichnet diese Publikation in der Deutschen Nationalbibliografie; detaillierte bibliografische Daten sind im Internet über http://dnb.d-nb.de abrufbar.

Die digitale Ausgabe (eBook-Ausgabe) dieses Titels trägt die ISBN 978-3-86341-908-0 und kann über den Handel oder den Verlag bezogen werden.

© Bachelor + Master Publishing, ein Imprint der Diplomica® Verlag GmbH
http://www.diplom.de, Hamburg 2012
Printed in Germany

Inhaltsverzeichnis

Abkürzungsverzeichnis

AIDS   Acquired Immune Deficiency Syndrome
(erworbenes Immundefektsyndrom)

HIV   Humane Immundefizienz-Virus

Joh   Johannesevangelium

WHO   World Health Organization

Darstellungsverzeichnis

1. Einleitung

Afrika wird oft als einer der reichsten Kontinente in Bezug auf die natürlichen Ressourcen bezeichnet, ist zur gleichen Zeit aber nahezu eines der ärmsten Erdteile in der wirtschaftlichen und menschlichen Entwicklung. Afrikas Öl und Gas ist eine der zentralen Stellen für Investoren und die Gewinne in den Ländern Afrikas für Bergbauindustrie steigen - während der Anteil der Menschen, die in Armut leben, sich während der letzten Jahre kaum verändert hat. So galt z.B. Südafrika von 1905 bis 2007 ununterbrochen als weltweit größter Goldproduzent,[1] doch geriet durch die Apartheid weltweit in die negativen Schlagzeilen. Durch die strikte Rassentrennung, Ungerechtigkeit gegenüber der afrikanischen Bevölkerung und den Verstößen gegen die Menschenrechte von 1948 bis 1994 sind noch heute die Folgen im Land zu spüren. Von den Auswirkungen der Verarmung ist besonders die schwarze Bevölkerungsgruppe betroffen.

Die Folgen dieser Armut konnte ich bei meinen letzten Aufenthalten in Südafrika selbst wahrnehmen, als ich in zwei Kinderheimen für Waisenkinder gearbeitet habe. Die Mittellosigkeit und die damit verbundenen Schwierigkeiten wie z.B. Krankheiten, Arbeitslosigkeit oder der Verlust der Eltern sind schlimme Schicksale, von denen ein Großteil der Kinder im Heim betroffen sind und psychische sowie physische Folgen mit sich bringt. Eine interessante Frage hierbei ist, mit welchen Möglichkeiten diesen geistigen und körperlichen Konsequenzen bei Kindern in südafrikanischen sozialen Einrichtungen so früh wie möglich entgegen gewirkt werden kann.
Mir schien dafür das Konzept der Salutogenese, welches ich im Laufe meines Studiums kennengelernt habe und bei mir einen bleibenden positiven Eindruck hinterlassen hat, als sehr geeignet.

Abb. 1 gibt vorab einen kleinen Einblick, worum es sich bei der Salutogenese handelt. Der Blickwinkel der Betrachtung stellt den entscheidenden Unterschied dar: Symptome belasten Menschen mit einer Bürde, machen ihn träge und mutlos - ganz im Gegenteil zu Ressourcen, die den Betroffenen Mut, Zuversicht und Hoffnung geben oder ganz einfach gesagt ‚beflügeln' lassen.

---

[1] Kapstadt-News, 2008: Australien löste 2007 Südafrika als weltweit größten Goldproduzent ab, Beitrag Nr.: 460.

Abb. 1: Symptome vs. Ressourcen[2]

Mein Anliegen ist es, die Salutogenese mit den Problemen in Südafrika zu verbinden und aufzuzeigen, dass durch seine Anwendung soziale Probleme verbessert bzw. gelöst werden können.

Auf der Suche nach einer passenden Einrichtung stieß ich auf ‚Themba Care' in Athlone, ca. 25 Kilometer außerhalb von Kapstadt in Südafrika. Es handelt sich dabei um eine Non-Profit-Einrichtung, in der ich für vier Monate als freiwillige Mitarbeiterin gearbeitet habe um das dort einmalige Konzept kennenzulernen. Um deren Programm und Auswirkungen besser zu verdeutlichen, wurde jeweils ein Interview mit der zuständigen Ärztin und der Sozialarbeiterin durchgeführt, welches im Anhang zu finden ist. Im Laufe dieser Arbeit werde ich auf dieses Interview verweisen, um bestimmte südafrikanische Perspektiven zu verdeutlichen.

Mit dieser Arbeit soll analysiert werden, in wie weit der Salutogenetische Ansatz in der südafrikanischen Einrichtung zutrifft, auch wenn die Salutogenese nicht konkret im Konzept der Einrichtung aufgeführt ist und nicht bewusst danach gehandelt wird. Die Frage dieser Arbeit lautet deshalb „Salutogenetische Aspekte am Beispiel Südafrika", wobei ich im ersten Abschnitt der Arbeit auf das Modell der Salutogenese und deren Perspektiven eingehe. Der zweite Hauptteil beschäftigt sich mit dem Land Südafrika, welche landestypischen Schwierigkeiten es dort gibt und welche bestimmten Einstellungen dort vorherrschen. Im späteren Verlauf werde ich auf die Einrichtung Themba Care zusprechen kommen, nach welchen Kriterien dort gearbeitet wird und ob die Betrachtungsweisen der Salutogenese dort zutreffen. Zum Ende der Arbeit werden die Ergebnisse aus Südafrika auf

---

[2] Katiza, Anna, 2007: Symptome vs. Ressourcen.

die Situation in Deutschland übertragen und geklärt, ob ein Vergleich überhaupt sinnvoll ist.

Dem Glauben wird in Südafrika eine besonders starke Bedeutung zugewiesen und kann in das Konzept der Salutogenese mit eingebunden werden. Ich greife diesen Aspekt in der Arbeit umfassend auf, wobei ich durch die nahezu ausnahmslos christlich vertretene Glaubensrichtung lediglich auf die Christliche Religion eingehen werde.

2. Definitionen

Um das Konzept der Salutogenese zu verstehen ist es notwendig, die Bedeutung und Abgrenzung von Gesundheit und Krankheit zu kennen und darzulegen. Im Folgenden werden verschiedene Definitionen der beiden Begriffe aufgeführt, die eine Vorstellung der vorherrschenden Ansichten geben sollen.

2.1 Was ist Gesundheit?

Die weitverbreitetste und umfassendste Definition für Gesundheit ist die der WHO, die 1946 bei der internationalen Gesundheitskonferenz eine allgemeingültige Formulierung wie folgt abgegeben hat:

„ein Zustand des vollständigen körperlichen, geistigen und sozialen Wohlergehens und nicht nur das Fehlen von Krankheit oder Gebrechen"[3]
(WHO 1946)

Der Gesundheitsbegriff umfasst hier nicht nur die biomedizinische (körperliche) Ebene, sondern bezieht sich darüber hinaus auf die geistige und soziale Dimension des Wohlergehens, was die psychosozialen Einflussfaktoren zur Geltung bringt und eine ganzheitliche Perspektive begründet. Zudem wird Gesundheit durch ‚subjektives Empfinden' dargestellt, was wiederum bedeutet, dass sie nicht durch den Befund eines professionellen Experten, z.B. einem Arzt, sondern durch die eigene Wahrnehmung und das individuelle Gefühl bestimmt wird. Folglich wird die Selbstbestimmung und Selbstverantwortung in Bezug auf die Gesundheit gekräftigt, welche die Verdeutlichung von positiven Emotionen wie Freude, Vitalität, Hoffnung und Zuneigung sowie den Genuss einschließt und gleichzeitig die Vermeidung von enthaltsamen Verhaltensvorschriften ausschließt.[4]

Kurze Zeit später wurde durch den Autor Karl Jaspers (1967) Kritik laut. Er äußert sich über die Formulierung der WHO folgendermaßen: „Solche Gesundheit gibt es nicht. Nach diesem Begriff sind in der Tat alle Menschen jederzeit und irgendwie krank" (Jaspers 1967: 111).

---

[3] Originaltext: „Health is a state of complete physical, mental and social well-being and not merely the absence of disease or infirmity"

[4] Vgl. Kaluza, Gert, 2011: Stressbewältigung. Trainingsmanual zur psychologischen Gesundheitsförderung, S. 6.

Auch Ilona Kickbusch (1982) macht ihren Unmut über die Utopie dieser Definition breit: „etwas so Unerreichbares führe zu falschen Erwartungen und negiere bestehende gesellschaftliche Verhältnisse und Ungleichheiten" (Kickbusch 1982: 267). Zudem greift sie an, dass die Formulierung der WHO zu zeitlos wäre und nicht darlegt, „unter welchen Gesellschaftlichen Bedingungen ein derart vollkommener Zustand zu erwarten ist" (ebd.: 267). Darüber hinaus wird der Begriff ‚Gesundheit' durch ‚Wohlbefinden' ersetzt, welches einen sehr umfassenden und ungenauen Zustand formuliert, der eine gewisse Unklarheit ausdrückt.[5]

2.2 Was ist Krankheit?

Krankheit wird oft als Gegenteil von Gesundheit formuliert, womit es professionellen Fachkräften erlaubt wird, einen ‚kranken' Menschen in seinen vorigen ‚gesunden' Zustand zurückzuhelfen, je nach dem, was durch die Naturwissenschaft und der Gesellschaft unter dem Begriff Gesundheit festgelegt wurde. Der Verein für Sozialgeschichte der Medizin erfasst Krankheit als einen bewertenden Begriff, „da mit ihm ein Zustand beschrieben wird, der als unerwünscht und veränderungsbedürftig angesehen wird" (Verein für Sozialgeschichte der Medizin 2004: 52) und infolgedessen zu einer weiteren Handlung bzw. Behandlung auffordert.[6] Hans-Ulrich Dallmann übernimmt in seinem Aufsatz „Das Recht auf Krankheit. Ein Beitrag zur Kritik der präventiven Vernunft" Rothschuhs Betrachtungsweise, dass Krankheit immer „im Schnittfeld von kranken Menschen, Gesellschaft und Arzt" gesehen werden muss, da sich dadurch „mehrere Beziehungs- und Bedeutungsebenen ergeben, die sich mit der klassischen Terminologie weitgehend decken" (Dallmann 2005: 239). Damit ist die unterschiedliche Betrachtungsweise aus verschiedenen Blickwinkeln bzw. Perspektiven gemeint, z.B. stellt Krankheit für den Erkrankten ein subjektives Befinden nach Hilfe, für den Arzt einen klinischen Befund und für die Gesellschaft Hilfebedürftigkeit dar.[7]

Johannes Siegrist hat diese drei verschiedenen Blickwinkel unter den damit verbundenen englischen Begriffen in Betracht genommen, mit denen sich

---

[5] Vgl. ebd., S. 7.

[6] Vgl. Verein für Sozialgeschichte der Medizin, 2004: Virus. Beiträge zur Sozialgeschichte der Medizin 4, S. 52.

[7] Vgl. Siegrist, Johannes: 2005: Medizinische Soziologie, S. 18.

eine Krankheit aus den heterogenen Betrachtungsweisen der Selbstwahrnehmung, der professionellen Fremdwahrnehmung und der gesellschaftlichen Einordnung prüfen lässt:

- Unter Selbstwahrnehmung wird das eigene individuelle Empfinden des aktuellen Zustandes verstanden, welches im Deutschen als ‚sich krank fühlen' verstanden wird. *Illness* beschreibt im Englischen diesen Bezug zur Krankheit, wobei dieser Eindruck immer im Kontext der jeweiligen Kultur und den Wertevorstellungen der Gesellschaft betrachtet werden muss.

- Die professionelle Fremdwahrnehmung stellt das Bezugssystem der Medizin, also der biomedizinischen Fachwelt dar und definiert Krankheit als „Abweichung von objektivierbaren Normen physiologischer Regulation bzw. organischer Funktion" (Siegrist 2005: 26). Das englische Wort dafür lautet *disease* und meint die Krankheit und deren Symptome als Befunde, im Deutschen „als krank definiert sein" (Hurrelmann 2010: 116) zu übersetzen.

- Das Bezugssystem der Gesellschaft meint in der englischen Sprache *sickness,* welches speziell mit dem Sozialversicherungssystem in Bezug gebracht wird. Die Ansicht der Krankheit bezieht sich auf die „Leistungsminderung bzw. der Notwendigkeit, Hilfe zu gewähren (Krankschreibung, Versicherungsleistungen, informelle Hilfeleistungen).[8] Hierzulande kann damit der „Status des Krankseins" (Hurrelmann 2010: 116) definiert werden.

Rothschuh formuliert 1975 den Begriff Krankheit folgendermaßen:

„Krank ist der Mensch, der wegen des Verlustes des abgestimmten Zusammenwirkens der physischen oder psychischen oder psychophysischen Funktionsglieder des Organismus subjektiv (oder – und), klinisch (oder – und) sozial hilfsbedürftig wird." (Rothschuh, 1975: 417)

Diese Definition von Krankheit ist einerseits zu eng gefasst, da es auch kranke Menschen gibt, die durchaus aus eigener Kraft mit ihrer Krankheit zurechtkommen und somit nicht hilfebedürftig sind. Andererseits umfasst diese Erklärung nur weitreichende Auswirkungen, da unter ‚sozial hilfsbe-

---

[8] Vgl. ebd., S. 26.

dürftig" eine Behinderung oder eine Abhängigkeit von anderen Menschen verstanden werden kann, die ebenfalls nicht zwangsläufig bei Krankheit vorkommt.

3. Modell der Salutogenese

‚Salutogenese' – ein Neologismus, der seinen Ursprung in den 70ern des 20. Jahrhunderts dem amerikanisch-israelitischen Medizinsoziologen Aaron Antonovsky (1923 - 1994) zu verdanken hatte und dadurch einen Paradigmenwechsel in der Wahrnehmung und Behandlungsweise von Krankheiten auslöste.[9] In seinen beiden Hauptwerken „Health, stress and coping. New perspectives on mental and physical wellbeing" (1979) und „Unraveling the mystery of health. How people manage stress and stay well" (1987) betrachtet er, im Gegensatz zu den herkömmlichen Sichtweisen nicht die krankmachenden, sondern die gesundheitsfördernden Faktoren, also die Bedingungen, welche die Gesundheit sichern und erhalten. Der Begriff „Salutogenese" (lat. „salus": Unverletztheit, Heil, Glück; griech. „genese": Entstehung) bedeutet die >>Entstehung von Gesundheit<< und stellt das Gegenstück zur „Pathogenese" (griech. „páthos": Leiden, Sucht"; griech. „génesis": Entstehung), der >>Entstehung von Krankheit<< dar.[10] Die Salutogenese kam 1970 ursprünglich als Nebenprodukt einer Auswertung von Frauen über die Anpassungsfähigkeit an die Menopause auf. In dieser Untersuchung wurde auch eine Ja-Nein-Frage zum Aufenthalt in einem Konzentrationslager während des Zweiten Weltkrieges gestellt, wodurch eine Gruppe ermittelt wurde, die sich im Jahre 1939 im Alter zwischen 16 und 25 Jahren in einem Konzentrationslager aufgehalten hatte. Antonovsky wurde darauf aufmerksam, dass „immerhin 29 % jener Frauen, die in jungen Jahren ein Konzentrationslager überlebt hatten und sich eine neue Existenz aufbauen mussten, in fortgeschrittenerem Alter dennoch psychisch und physisch einen guten Gesundheitszustand aufwiesen." (Nowak 2011: 78) Dabei war es Antonovsky nicht wichtig, dass der Prozentsatz der nicht inhaftierten Kontrollgruppe der gesunden Frauen mit 51 % höher war, sondern das völlig unerwartete Ergebnis, dass trotz unvorstellbarer Qualen und erschütternder Erlebnisse eindrucksvolle 29 % der Frauen als gesund galten. Daraufhin vertritt Antonovsky eine prinzipiell neue Art der Betrachtung und Interpretation von medizinischen Untersuchungen, „die (damals) größtenteils pathogenetisch orientiert (..) [waren] und (..) [erhoben], wie viele Personen aufgrund eines bestimmten ungünstigen Wirkfaktors biologischer, sozialer oder psychologischer Art erkranken." (ebd.)

---

[9] Vgl. Kolip, Petra et al., 2010: Gesundheit: Salutogenese und Kohärenzgefühl, S. 11 f.

[10] Vgl. Singer, Susanne; Brähler, Elmar, 2007: Die >>Sense of Coherence Scale<<. Testhandbuch zur Deutschen Version, S. 9.

Antonovsky stellte nicht die Ursachen von Krankheit in den Mittelpunkt der Betrachtung, sondern die Faktoren und Bedingungen, die für die Gesundheit förderlich sind und diese erhalten.[11]

3.1 Salutogenese versus Pathogenese

Durch die Anwendung des pathogenen-medizinischen Modells in den letzten 100 Jahren dominieren heute nicht mehr Infektionen und Akuterkrankungen. Diese häufigen Infektionskrankheiten wurden praktisch beseitigt und als Folge die Lebenserwartung in der Bevölkerung deutlich erhöht. Monika Köppel sieht die gegenwärtigen Herausforderungen in allen Industrieländern und Teilen der dritten Welt in chronischen Krankheiten, die nicht mehr durch hygienische Missstände, Viren, Bakterien oder Parasiten verursacht werden. Chronische Krankheiten entstehen durch eine „Überbelastung von physischen, psychischen und sozialen Anpassungs- und Regelungskapazitäten und sind auf eine Vielzahl biologischer, sozialer, ökonomischer und somatischer Faktoren zurückzuführen" (Köppel 2003: 25), so z.B. Herz-Kreislauf Erkrankungen, bösartige Neubildungen, Atemwegs-/ Hauterkrankungen und Erkrankungen des Muskel-/ Skelettsystems. Da diese chronischen Erkrankungen größtenteils auf mehrere Ursachen zurückzuführen sind und meistens frühzeitig im Leben eines Menschen auftreten, ist das pathologische Konzept der Behandlung kaum noch ausreichend. Die mehrdimensionalen Ursachen und die Veränderungen der Erkrankungen in den vergangenen Jahrzehnten stellen neue Ansprüche an die Behandlung, in welche mitunter auch andere Professionen mit einbezogen werden müssen. In den Vordergrund rückt dabei immer mehr eine Intervention nach dem Prinzip der Salutogenese.[12]

3.2 Kohärenzgefühl

Unter dem Kohärenzgefühl (Sense of Coherence; SOC) versteht Antonovsky im Wesentlichen

---

[11] Vgl. Nowak, Rosa C., 2011: Transaktionsanalyse und Salutogenese. Der Einfluss transaktionsanalytischer Bildung auf Wohlbefinden und emotionale Lebensqualität, S. 78.

[12] Vgl. Köppel, Monika, 2003: Salutogenese und Soziale Arbeit, S. 25.

„eine globale Orientierung, die das Ausmaß ausdrückt, in dem jemand ein
durchdringendes Gefühl des Vertrauens hat, daß erstens die Anforderun-
gen aus der internalen oder externalen Umwelt im Verlauf des Lebens
strukturiert, vorhersagbar und erklärbar sind, und daß zweitens die Res-
sourcen verfügbar sind, die nötig sind, um den Anforderungen gerecht zu
werden. Und drittens, daß diese Anforderungen Herausforderungen sind,
die Investitionen und Engagement verdienen." (Antonovsky 1993: 12)

Vereinfacht kann das Kohärenzgefühl als „eine globale Orientierung
[verstanden werden], die ausdrückt, in welchem Ausmaß man ein durchdringendes, andauerndes und dennoch dynamisches Gefühl des Vertrauens hat, dass

- die Stimuli, die sich im Verlauf des Lebens aus der inneren und
  äußeren Umgebung ergeben, strukturiert, vorhersehbar und erklärbar
  sind;

- einem die Ressourcen zur Verfügung stehen, um den Anforderungen, die diese Stimuli stellen, zu begegnen;

- diese Anforderungen Herausforderungen sind, die Anstrengungen
  und Engagement lohnen." (Antonovsky, 1997: 36)

Das Kohärenzgefühl wird hauptsächlich, so Antonovsky, in seinen wesent-
lichen Zügen in den ersten zehn Lebensjahren, also im Kinder- und
Jugendalter entwickelt und bleibt dann weitgehend unverändert.[13] Anto-
novsky geht zudem davon aus, dass das Kohärenzgefühl im Alter von 30
Jahren voll ausgebildet ist und es nach diesem Zeitraum nur geringe
Möglichkeiten gibt, eine grundlegende Veränderung herbeizuführen.[14] Eine
Veränderung kann sich somit nur „aus der Anregung eines neuen Musters,
eines neuen Konzeptes der Lebenserfahrung [ergeben]. Wenn dieses
Muster über Jahre hinweg beibehalten wird, kann sich (..) eine graduelle
Veränderung des Kohärenzgefühls ergeben" (Lamprecht/Johnen 1997: 24).
Die Hauptkomponenten des Kohärenzgefühls sind das Ergebnis mehrerer
unstrukturierter Tiefeninterviews mit der Leitfrage, wie die Probanden selbst
ihr Leben sehen. Die Interviews wurden an 51 sehr unterschiedlichen
Personen durchgeführt, die allesamt zwei gemeinsame Charakteristika
aufwiesen: zum einen erlebte jeder ein schweres Trauma und kamen zum

---

[13] Vgl. Lamprecht, Friedhelm; Johnen, Rolf, 1997: Salutogenese. Ein neues Konzept in der
Psycho-somatik?, S. 24.

[14] Vgl. Bäumer, Rolf; Maiwald, Andrea, 2008: Thiemes Onkologische Pflege, S. 20.

anderen sehr gut damit zurecht. Als Ergebnis fielen zwei Extremgruppen mit einem sehr hohen Kohärenzgefühl (16 Personen) und einem sehr niedrigen Kohärenzgefühl (11 Personen) auf. Antonovsky prüfte die Protokolle der Interviews und fand drei zentrale Komponenten, die „konsistent in der einen Gruppe zu finden waren, und die in der anderen merklich fehlten." (Antonovsky 1997: 34) Diese Salutogenetischer Trias (siehe Abb. 2) setzt sich zusammen aus Verstehbarkeit, Handhabbarkeit und Bedeutsamkeit.[15]

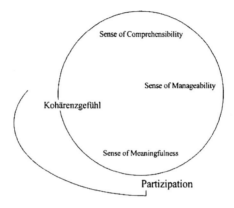

Abb. 2: Salutogenetischer Trias[16]

3.2.1 Verstehbarkeit (Sense of Comprehensibility)

Antonovsky drückt das Merkmal Verstehbarkeit als „expliziten Kern der ursprünglichen Definition" (Antonovsky 1997: 34) aus und meint das Ausmaß, in dem Informationen als kognitiv sinnhaft, geordnet, konsistent, strukturiert und klar wahrgenommen werden und nicht als chaotisch, ungeordnet, willkürlich, zufällig und unerklärlich. So kommentiert er zudem, dass Personen mit einem hohen Grad an Verstehbarkeit die Zukunft als vorhersagbar, oder falls sie tatsächlich überraschend auftritt, als eingeordnet und erklärt wahrnehmen. Dabei ist jedoch nicht von der Erwünschtheit des Ereignisses die Rede, sondern lediglich, dass z.B. Tod, Krieg oder Versagen von der Person erklärt werden kann.[17] Pauls fügt hinzu, dass es

---

[15] Vgl. Antonovsky, Aaron; Franke Alexa (Hrsg.), 1997: Salutogenese. Zur Entmystifizierung der Gesundheit, S. 34.

[16] Pauls, Helmut, 2011: Klinische Sozialarbeit. Grundlage und Methoden psycho-sozialer Behandlung, S. 107.

[17] Vgl. Pauls, Helmut, 2011: Klinische Sozialarbeit. Grundlage und Methoden psycho-sozialer Behandlung, S. 107.

„hier um kognitive Verarbeitungsmuster, Theoriewissen [und] Weltbilder" (Pauls 2011: 105) geht. Die Grundlage zum Aufbau der Verstehbarkeit sind dabei konsistente Erfahrungen, die ein Ausmaß an psychologischer Offenheit für Veränderungen verlangen. Es ist demzufolge unerlässlich, dass ein emotionaler und kognitiver Lebenswandel angenommen wird. Diese Lebensveränderungen können z.B. durch Altern, Heirat, Geburt, Auszug der Kinder, Trennung, Beruf, Erkrankung, Schicksalsschläge und Pensionierung hervorgerufen werden.[18]

3.2.2 Handhabbarkeit (Sense of Manageability)

Entscheidend bei der Handhabbarkeit oder auch Beherrschbarkeit sind die verfügbaren und wahrgenommenen Ressourcen, wie eigene und soziale Unterstützungsfaktoren, materielle Ressoucen oder gute Arbeits-strukturen.[19] ‚Zur Verfügung' stehen laut Antonovsky „Ressourcen, die man selbst unter Kontrolle hat oder solche, die von legitimierten anderen kontrolliert werden – vom Ehepartner, von Freunden, Kollegen, Gott, der Geschichte, vom Parteiführer oder einem Arzt – von jemanden, auf den man zählen kann, jemanden dem man vertraut" (Antonovsky 1997: 35). Eine Basis der Handhabbarkeit bildet eine gute Belastungsbalance, die es einer Person nicht erlaubt, sich durch Ereignisse in der Opferrolle gedrängt zu sehen oder sich vom Leben ungerecht behandelt zu fühlen.[20]

3.2.3 Bedeutsamkeit (Sense of Meaningfulness)

Die Bedeutsamkeits- oder auch Sinnkomponente bezieht sich auf das Ausmaß, in dem das Leben emotional als sinnvoll wahrgenommen wird. Die Basis hierfür bilden die ‚Partizipation an der Gestaltung der Handlungsergebnisse' sowie eine religiöse, spirituelle und lebens-philosophische Orientierung. Unter der ‚Partizipation an der Gestaltung der Handlungsergebnisse' versteht Antonovsky (1997) die beabsichtigte Eigenentscheidung und das bewusste Wollen von Handlungen und Entscheidungen. So kann man fragen, „ob wir mitentschieden haben, ob wir diese Erfahrung machen wollen, nach welchen Spielregeln sie verlaufen soll und wie die Probleme und Aufgaben gelöst werden sollen, die aus ihr

---

[18] Vgl. ebd., S. 105.
[19] Vgl. ebd., S.106.
[20] Vgl. Antonovsky, Aaron; Franke Alexa (Hrsg.), 1997: Salutogenese. Zur Entmystifizierung der Gesundheit, S. 35.

erwachsen." (Antonovsky 1997: 93) Darüber hinaus müssen Menschen den ihnen gestellten Aufgaben beistimmten und die ihnen bedeutende Verantwortung für ihre Handlung gegeben werden, welche sich auf das Ergebnis auswirkt. Um zu vermeiden, dass man auf ein Objekt reduziert wird, dürfen nicht andere Menschen für uns entscheiden, Aufgaben stellen, Regeln formulieren oder Ergebnisse managen, sondern wir müssen unsere Angelegenheiten selbst regeln, da im Falle der Gleichgültigkeit die Gefahr darin besteht, die Welt als bedeutungslos zu erleben. Diese Dimension besteht im familiären und sozialen Umfeld, unter welchem „somit nicht nur die weitgehend autonome Person, sondern auch das loyale Parteimitglied, der religiöse Gläubige, der Kollege in der Arbeitsgruppe und das Kind in der gesunden Familie" (Antonovsky 1997: 94) zu verstehen sind. Antonovsky weist besonders darauf hin, dass es sich hierbei nicht um ‚Kontrolle', sondern ‚Partizipation an Entscheidungsprozessen' handelt.[21] Eine kausale Beziehung zwischen der Bedeutsamkeitskomponente und der Partizipation an der Gestaltung der Handlungsereignisse wirkt sich folglich so aus, dass das Erleben der Bedeutsamkeit gefördert wird, wenn das Individuum an Entscheidungsprozessen beteiligt ist. Dieser Prozess kann allerdings nur unter der Voraussetzung der sozialen Anerkennung wirksam werden. Dieses Dilema wird am Beispiel der Tätigkeit von Hausfrauen deutlich. Hausfrauen partizipieren zwar einerseits an Entscheidungs- prozessen, finden aber andererseits in einer auf Arbeit ausgerichteten Gesellschaft nur sehr wenig soziale Anerkennung.[22]

3.3   Bio-psycho-soziales Modell

Der Einfluss der Salutogenese ist besonders am weit verbreiteten Konzept des Bio-psycho-sozialen Modells zu erkennen. „Antonovskys Überlegungen wurden zweifellos von soziologischen, biologischen und psychologischen Konzepten für die Erklärung menschlicher Entwicklung und menschlichen Verhaltens beeinflusst", so bringen es Dr. Jörg Schulz von der Humboldt-Universität zu Berlin und Dr. Ulrich Wiesmann (Universität Greifswald) in ihrem Artikel „Zur Salutogenetischen Denkweise bei der Betrachtung des Menschen" in der Zeitschrift „Salutogenese - Der Mensch als biopsychoso-

---

[21] Vgl. Antonovsky, Aaron; Franke, Alexa (Hrsg.), 1997: Salutogenese. Zur Entmystifizierung der Gesundheit, S. 93 f.

[22] Vgl. Felbinger, Andrea, 2010: Kohärenzorientierte Lernkultur. Ein Modell für die Erwachsenen-bildung, S. 113.

ziale Einheit" auf den Punkt. Antonovsky selbst wies 1979 bereits auf die Notwendigkeit der biopsychosozialen Betrachtung hin, bei dem der Subjektivität des Entwicklungsprozesses besondere Beachtung geschenkt werden müsse.[23] Die Zeitschrift „Der Mensch" ist das erste Magazin für Salutogenese und wird vom Dachverband für Salutogenese herausgegeben. Thomas Lichte und Markus Hermann gehen in ihrem Artikel „Mehr Salutogenese in der Lehre – Förderung der ressourcenorientierten Sichtweise bei Studierenden", der im Jahr 2007 veröffentlicht wurde, auf das Bio-psychosoziale Modell in Bezug auf die Salutogenese ein. Das genannte Modell nach G. Engels fordert eine Betrachtung aus den drei unterschiedlichen Professionen der Biologie, Psyche und der sozialen Situation, welche unter anderem Sozialarbeiter wahrnehmen. In der Medizin geht das Bio-psychosoziale Modell mit dem nachfolgend dargestellten „SOAP-Schema" einher und gestaltet systematisch einen Patient-Arzt-Kontakt.[24]

Subjektiv → Beschwerden der Patienten

Objektiv → Befunde der körperlichen Untersuchung

Analyse → Gespräch mit Patienten über Befunde und Verlauf

Plan → Planung und Behandlung zusammen mit dem Patienten, Salutogenetische Aspekte und die Verwendung der Ressourcen des Betroffenen wie z.B. Erfahrungen, Sozialisation, familiäre Unterstützung

3.4 Soziale Arbeit im Salutogenetischen Ansatz

Die Soziale Arbeit ist neben den wesentlichen Bereichen der Kinder- und Jugendhilfe, der sozialen Hilfe und der Altenhilfe ebenso in der Gesundheitsförderung mit ca. 25 % aller Sozialarbeiter stark etabliert. Eine besondere Bedeutung im Gesundheitssektor wurde der Sozialen Arbeit durch die Ottawa-Charta[25] der WHO von 1986 zugeschrieben, in der die Gesundheitshilfe in einer engen Wechselbeziehung zur Einzelfallhilfe, zur sozialen

---

[23] Vgl. Schulz, Jörg; Wiesmann, Ulrich, 2007: Zur Salutogenetischen Denkweise bei der Betrach-tung des Menschen. Salutogenese - Der Mensch als biopsychosoziale Einheit, 1/ 2007.

[24] Vgl. Lichte, Thomas; Hermann, Markus, 2007: Mehr Salutogenese in der Lehre. Förderung der ressourcenorientierten Sichtweise bei Studenten, 38-1/2007.

[25] Ottawa-Charta: ein Dokument zur Gesundheitsförderung, das am 21. November 1986 im kanadischen Ottawa zum Abschluss der ersten internationalen Konferenz zur Gesundheitsförderung von der WHO veröffentlicht wurde.

Gruppenhilfe und zur Gemeinwesenarbeit steht.[26] Zudem wurde die Gesundheitsförderung als gesellschaftliche Aufgabe festgelegt, die „allen Menschen ein höheres Maß an Selbstbestimmung über ihre Gesundheit ermöglicht und sie damit zur Stärkung ihrer Gesundheit befähigt" (WHO 1987). Dabei deckt sich der in der Sozialen Arbeit übliche lebensweltorientierte Ansatz mit dem salutogenen Ansatz und kann nahezu vollständig übertragen werden. Köppel verweist dabei auf die dreifache Hinsicht der Sozialen Arbeit im Gesundheitssektor, die in Anlehnung an Homfeldt (2002)

- als traditionelles Feld von Sozialarbeit im Gesundheitswesen,

- als Mitwirkungsmöglichkeit von Sozialarbeitern bei der Gesundheitsförderung in außerpädagogischen Feldern und

- als gesundheitsfördernde Tätigkeit von Sozialarbeitern in den Feldern der Sozialen Arbeit

aufteilt werden kann.

Soziale Arbeit hat sich in den letzten fünfzehn Jahren als klinische Sozialarbeit im Gesundheitssektor auf die Automatisierung und Wiederintegration von Klienten spezialisiert. Drei sehr bedeutende Konzepte in der Behandlung durch den Sozialarbeiter sind die Personenzentrierte Beratung, das Empowerment und das Case Management.[27]

3.4.1 Personenzentrierte Beratung

Die Personenzentrierte Beratung wird als eine der einflussreichsten Methoden in der Humanistischen Psychologie gesehen.[28] Ulrich Völker (1980) erfasst darunter folgendes:

„In unserer heutigen Gesellschaft, die aus humanistischer Sicht durch eine

tiefgreifende Kulturkrise (Entfremdung des Menschen von der Natur, von

seiner Arbeit, seinen Mitmenschen und sich selbst, Verlust traditioneller

Werte, Gefühl der Sinnlosigkeit trotz materiellen Wohlstands,

---

[26] Vgl. Köppel, Monika, 2003: Salutogenese und Soziale Arbeit, S. 30.

[27] Vgl. Homfeldt, Hans G., 2012: Soziale Arbeit im Gesundheitswesen und in der Gesundheitsförderung, S. 493 f.

[28] Vgl. Sander, Klaus; Ziebertz, Thorsten, 2010: Personenzentrierte Beratung. Ein Lehrbuch für Praxis und Ausbildung, S. 61.

Identitätsgefährdung vieler Menschen, psychosoziale Probleme usw.)
gekennzeichnet ist, will die Humanistische Psychologie sich an der
Aufgabe beteiligen, neue Antworten auf die Frage nach dem Sinn und der
Darseinserfüllung des menschlichen Lebens in einer technologisch
bestimmten Umwelt zu suchen." (Völker 1980: 14)

Viktor E. Frankl prägt den Begriff der Logotherapie, welches zum einen den Sinn und zum anderen das Geistige oder die Heilung meint, also eine Heilung durch Sinn. Unter der Logotherapie wird eine psychotherapeutische Behandlungsmethode verstanden, die als therapeutische Ausgestaltung ihren Ursprung in der Existenzanalyse findet. Bei den beiden Begriffen handelt es sich um dieselbe Theorie, wobei Existenzanalyse die zugehörige anthropologische[29] Forschungsrichtung meint.[30] Das Ziel dieser Logotherapie ist es, dem Klienten durch Erziehung zur Verantwortung eine Hilfe zur Bewältigung von Sinnkrisen zu bieten, die dem Ratsuchenden dazu verhilft, sein Leben sinnvoll zu gestalten. Dabei sieht Frankl das Leid des Menschen an der Frustration seiner Bedürfnisse nach Sinn und nicht wie Sigmund Freud die Ansicht nach der Frustration der sexuellen Bedürfnisse oder Alfred Adler das Verlangen nach Macht vertreten. Frankl sieht die Frage nach dem Sinn früher oder später immer mit dem Thema Gott verbunden, weshalb diese Therapieform offen für Religion ist und versucht, den göttlichen Funken immer wieder neu anzufachen, um Leid vermindern und Krisen bewältigen zu können.[31] Durch eine drei- bis vierjährige berufsbegleitende Zusatzausbildung sollen vor allem Sozialarbeiter, Ärzte, Pädagogen, Pfarrer und Psychologen Erkenntnisse der Logotherapie näher gebracht werden um den Fachleuten die Gelegenheit zu geben, ihre berufliche Tätigkeit zu verbessern, aber auch um eine persönliche Weiterbildung zu vermitteln, um mit sich selbst und mit anderen besser umgehen zu lernen.[32]

Die s.g. ‚Encounter-Gruppen' (engl.: Begegnungs-Gruppen) stammen ebenfalls von Viktor Frankl. Ziel dieser Gruppen ist es, das Verständnis für Gruppeninteraktionen zu fördern, den Klienten dabei zu helfen, Sensitivität

---

[29] Anthropologie beschäftigt sich mit der Wissenschaft vom Menschen. Es sind zahlreiche unterschiedliche Fachrichtungen vorhanden, z.B. Sozialanthropologie (Wissenschaft vom Menschen in der Gemeinschaft), Philosophische Anthropologie (Das Wesen des Menschen) und Theologische Anthropologie (Bestimmung des Menschen vor Gott).

[30] Frankl, Viktor E., 2010: Logotherapie und Existenzanalyse. Texte aus sechs Jahrzehnten, S. 57 f.

[31] Vgl. Hahn, Udo, 1994: Sinn suchen – Sinn finden. Was ist Logotherapie?, S. 7 f.

[32] Vgl. ebd., S. 56.

und Bewusstsein für die eigenen Gefühle und Reaktionen zu entwickeln und zu lernen, das eigene Verhalten verändern zu können. Zu den heute bekannten Encounter-Gruppen zählen z.B. die Soziale Gruppe, die Gestalttherapie von Fritz Perls aber auch Meditationsformen wie die Aum- oder die Kundalini-Meditation von Osho.[33]

Carl Rogers entwickelte in den 40er Jahren des 20. Jh.s. in seiner sozial-pädagogischen und psychotherapeutischen Praxis ebenfalls eine Form der von Frankl geprägten Encounter-Gruppen und schloss sich ihm durch die Personenzentrierte Beratung an. Dabei ging er vor allem der Frage nach, welche bestimmte Art der Gesprächsführung am besten eine Veränderung bei Klienten bewirkt. Ebenfalls bekannt unter den Namen ‚nicht-direkte‘ oder ‚Klientenzentrierte Beratung‘ wurde diese Form durch Reinhard und Annemarie Tausch unter dem Namen ‚Gesprächspsychotherapie‘ in Deutschland integriert. Im Zentrum dieser Gesprächsform steht die Persön-lichkeitstheorie nach Rogers, bei der das Bestreben und die Stärke zur Selbstentfaltung im Vordergrund stehen. Durch die Stärkung der Entwick-lungskräfte des Klienten löst sich das ursprüngliche Problem, das als Teil der persönlichen Entwicklung gesehen wird. „Dabei entscheidet nicht die technische Verwirklichung des Beziehungskonzeptes, sondern die reale Qualität der Beziehung" (Sander/Ziebertz 2010: 70).

Es steht demzufolge also nicht in erster Linie ein Modell zur Verhaltensän-derung des Klienten im Mittelpunkt, dafür aber die Beziehung zwischen Berater und Patienten, wobei der Berater Empathie, Akzeptanz und Echtheit als Grundvoraussetzungen in das Gespräch mit einbringen muss. Unter Empathie wird dabei die gedankliche und gefühlsmäßige Öffnung gemeint, durch die sich der Berater in die Sicht- und Erlebensweise des Klienten hineinversetzen kann, um dessen Gedanken und Charakteristiken zu verstehen. Wertschätzung, welche nicht abhängig von Vorgaben ist und das Annehmen von Gefühlen und Einstellungen wird durch die Akzeptanz vermittelt. Unter Echtheit versteht Rogers, seine eigenen „inneren Regun-gen, Haltungen [und] Gedanken mit seinen verbalen und nonverbalen Äußerungen in Deckung zu bringen. Was nach außen gezeigt wird, soll kongruent sein zum Inneren" (Schnebel 2007: 48), wobei mit kongruent Aufrichtigkeit und nicht unbeschränkte Offenheit gemeint ist.[34]

---

[33] Vgl. Strauß, Bernhard; Mattke, Dankwart, 2012: Gruppenpsychotherapie. Lehrbuch für die Praxis, S. 16.
[34] Vgl. Schnebel, Stefanie, 2007: Professionell beraten. Beratungskompetenz in der Schule, S. 46-48.

Die Befähigung des Klienten und die Ausschöpfung seines Potentials in einer angebrachten Umgebung ist daher die Hauptaufgabe der Beratung, die damit ebenso ressourcenorientiert wie die Salutogenese ausgerichtet ist.[35]

Rogers Menschenbild und somit auch sein Konzept der Gesprächsführung orientiert sich „vor allem an den folgenden Werten (..):

- Autonomie, soziale Interdependenz;
- Selbstverwirklichung;
- Ziel- und Sinnorientierung allen menschlichen Strebens und
- Ganzheit des Leib-Seelisch-Körperlichen." (Sander/Ziebertz 2010: 61)

Diese Werte stimmen zugleich mit denen der Salutogenese überein, bei der eine Eigenmitwirkung an erster Stelle steht und eine Behandlung gemäß des Salutogenetischen Trias durch `Leib – Seele – Körper' angewendet wird. Den Verlauf der Behandlung entscheidet dabei ausschließlich der Patient und nicht der Berater, weshalb auch von einer non-direktiven Methode gesprochen wird. Dies ist deshalb so wichtig, da die Patienten größtenteils im Vergleich zu den Leistungsanbietern/ -erbringern im Gesundheitssystem den schwächsten Standpunkt einnehmen. Laut Köppel hat sich aber gezeigt, dass die größten Erfolgschancen sehr viel von der Haltung der Patienten abhängt, also ob diese als „Experten in eigener Sache" (Köppel 2003: 33) agieren können. Nötig sind dafür die Bereitstellung von Informationen und Beratung direkt beim Klienten, welches auch den Stärkungsprozess für das Konzept Empowerment anstößt.[36]

3.4.2 Empowerment

‚Selbstbefähigung', ‚Selbstermächtigung', ‚Selbstbemächtigung' oder auch ‚Gewinnung oder Wiedergewinnung von Stärke, Energie und Fantasie zur Gestaltung eigener Lebensverhältnisse' (Lenz 2002: 13), so übersetzt Lenz den Begriff ‚Empowerment'.
Theunissen Georg kritisiert in Bezug auf diese Methode in seinem Artikel „Empowerment und Professionalisierung unter besonderer Berücksichtigung der Arbeit mit Menschen, die als geistig behindert gelten", dass eine einfache Übersetzung nicht ausreiche, da sonst der entscheidende Kontext

---

[35] Vgl. Köppel, Monika, 2003: Salutogenese und Soziale Arbeit, S. 32.
[36] Vgl. ebd., S. 32.

des Empowerment-Konzeptes nicht getroffen werden würde. So können darunter sowohl philosophische und theoretische Annahmen oder Leitideen, aber auch Prozesse, Programme oder Konzepte verstanden werden, die durch verschieden Zugänge, die wiederum in einer engen Beziehung zueinander stehen, erreicht werden können. Zum einen weist Empowerment z.B. auf die Selbstverfügungskräfte und bestehende Ressourcen und Stärken hin, die es einem Klienten ermöglichen, Belastungssituationen sowie Krisen aus dem eigenen Potenzial heraus zu bezwingen. Zum anderen kann Empowerment auch im politischen Kontext verstanden werden, bei dem sich Gemeinschaften, die durch eine gewisse Machtlosigkeit gekennzeichnet sind, durch eine Beeinflussung in der Politik zu emanzipieren versuchen.[37]

Wird von dem ersten Zugang ausgegangen, so kann der Empowermentprozess, entwickelt von Charles Kieffer, in vier Phasen eingeteilt werden:[38]

- **Mobilisierung:** Klienten werden aktiv und vereinigen sich, um gegen ihre belastenden und schmerzhaften Ereignisse anzukämpfen.

- **Engagement und Förderung:** Mit dem Beistand von Mentoren und Gleichbetroffenen werden die ersten spontanen und an zielbewusste Ereignisse gebundenen Tätigkeiten in ein solideres Engagement überführt.

- **Integration und Routine:** Das Wissen und die Einsicht um soziale und politische Zusammenhänge reift, da durch die Stabilisierung der einzelnen Person in der Gruppe, sowie durch die Entwicklung eigener Gespräche und Untersuchungen sich der Betroffene Stärke und Gehör in der Gemeinschaft verschafft. Daraufhin verändert sich die Außen - und Eigenwahrnehmung der Klienten und sie werden Autoritäten ihrer selbst, wobei das Verlangen von Professionellen wahrgenommen zu werden steigt. Die Akzeptanz der eigenen Veränderung einer Person spielt dabei eine große Rolle.

- **Überzeugung und ‚brennende Geduld‘:** gekennzeichnet wird diese Phase durch die ausgebildete Organisations- und Konfliktfähig-

---

[37] Vgl. Theunissen, Georg, 2003: Empowerment und Professionalisierung unter besonderer Berücksichtigung der Arbeit mit Menschen, die als geistig behindert gelten, S. 45 f.
[38] Vgl. Stark, Wolfgang, 1996: Empowerment. Neue Handlungskompetenzen in der psychosozialen Praxis, S. 120 ff.

kcit, die zum einen durch die Verhandlungen innerhalb der Gemeinschaft und zum anderen im Umgang mit den Experten entstanden
ist. Dies resultiert aus der Überzeugung, „daß es möglich ist, am
gesellschaftlichen Leben aktiv teilzuhaben und gemeinsam mit anderen Ziele zu erreichen und Veränderungen herbeizuführen."
(Stark 1996: 124)

Ein enger Zusammenhang zwischen der Methode des Empowerments und
der Salutogenese besteht wegen der maßgeblich psychosozialen Betrachtungsweise, den davon abhängigen Behandlungszielen, dem Umgang mit
Überbelastung und die Unterstützung gesundheitsfördernder Handlungs-
weisen. Zudem wird der Blickwinkel nicht wie ursprünglich auf die Krankheit, also der Genese, sondern der Gesunderhaltung, durch Erkennung und
Verwendung der eigenen Ressourcen gelegt.[39] Daneben kann mit Hilfe der
Salutogenese jedem Klienten verständlich gemacht werden, dass es ihm
unabhängig von seiner sozialen Schicht oder seinem Bildungsstand
möglich ist, durch gesundheitsfördernde Maßnahmen sein Leben aktiv
umzugestalten und damit zu seinem eignen Wohlbefinden beizutragen.
Besonders bei einer notwendigen lebenslangen Umstellung, wie z.B. einer
speziellen Diät bei Diabetes muss „die Autonomie und Partizipation der
Patienten" (Köppel 2003: 34) durch eine Übertragung von Verantwortung
gefördert werden.[40]

3.4.3 Case Management

Um die höchstmögliche Effizient im Hilfeprozess zu erreichen, werden mit
der Methode des Case Managements professionelle, soziale und persönliche Ressourcen durch einen Case Manager, in diesem Falle dem Sozialarbeiter verknüpft. Dabei sollen die Fähigkeiten des Klienten gefördert werden, wobei die gesamte Prozessverantwortung mit Koordinationsfunktion
beim zuständigen Sozialarbeiter liegt.[41]
Zu einer qualifizierten Reha-Betreuung gehört eine soziale, eine sozial-
rechtliche und psychosoziale Betreuung und Beratung der Patienten sowie
deren Angehörigen und die Organisation der ambulanten Dienste, wie z.B.
häusliche Pflege. So ist Case Management vor allem für Personen geeig-

---

[39] Vgl. Sperlich, Stefanie, 2009: Verringerung gesundheitlicher Ungleichheit durch
Empowerment. Empirische Analyse der Gesundheitseffekte für sozial benachteilige
Mütter, S. 38.

[40] Vgl. Köppel, Monika, 2003: Salutogenese und Soziale Arbeit, S. 34.

[41] Vgl. Köppel, Monika, 2003: Salutogenese und Soziale Arbeit, S. 35.

net, „die hilfebedürftig, behindert, chronisch, psychisch und physisch krank sind." (Homfeldt 2012: 494) Case Management muss den richtigen Weg durch das Versorgungssystem weisen, was nur durch professionelle Hilfe im Aufgabenfeld des Sozialen, Gesundheits- und Pflegedienstes geschehen kann.[42]

Diese Methode kann als Antwort auf „die zunehmende Spezialisierung und die immer weiter zunehmende Vielfalt an Therapie- und Interventionsangeboten gesehen werden, die für Patienten, Klienten und Kunden oft nicht mehr zu überschauen sind". (Köppel 2003: 35) Der Ablauf eines Falles wird in drei verschiedene Phasen gegliedert:

- **Assesmentphase:** Hier werden die aktuelle Situation, die vorhandenen Ressourcen und die individuellen Bedürfnisse des Klienten eingeschätzt.

- **Kontrollphase:** Diese Phase ist durch die Zielfestlegung und der Erstellung des Hilfeplanes gekennzeichnet. Im Laufe der Intervention können sich Ziele durchaus verändern bzw. ganz wegfallen, weshalb sie regelmäßig ausgewertet werden müssen.

- **Evaluationsphase:** Mit diesem dritten Abschnitt ist die Intervention selbst gemeint, in der die im Hilfeplan festgelegten Ziele so gut wie möglich erreicht und am Ende der Maßnahme ausgewertet werden sollen. Nur mit Hilfe der Auswertung kann eine ständige Verbesserung im Qualitätsmanagement erreicht werden.[43]

---

[42] Vgl. Homfeldt, Hans G., 2012: Soziale Arbeit im Gesundheitswesen und in der Gesundheitsförderung, S. 494.

[43] Vgl. Köppel, Monika, 2003: Salutogenese und Soziale Arbeit, S. 35.

4. Salutogenetische Aspekte

Grundsätzliche Voraussetzungen für Gesundheit, die im Idealfall jedem Menschen zugutekommen sollten, schildert die WHO in der Ottawa-Charta. Somit ist jede Verbesserung des Gesundheitszustandes zwangsläufig an folgende Grundvoraussetzungen fest gebunden: „Frieden, angemessene Wohnbedingungen, Bildung, Ernährung, Einkommen, ein stabiles Öko-System, eine sorgfältige Verwendung vorhandener Naturressourcen, soziale Gerechtigkeit und Chancengleichheit." (WHO, 1985) Daneben spielen auch persönliche Einstellungen eine wichtige Rolle. Wie sehr eine positive Lebenseinstellung, Glaube, ein vorhandener Lebenssinn und der soziale Rückhalt eine Unterstützungsfunktion für die Gesundheit darstellen, werde ich im Folgenden ausführen.

4.1 Positive Lebenseinstellung

Im alltäglichen Gebrauch wird häufig der Begriff ‚glücklich sein' als erste Assoziation mit einer positiven Lebenseinstellung verbunden. Psychologie-professorin Barbara Fredrickson versteht darunter aber nicht nur und nicht automatisch ‚glücklich sein', sondern verwendet folgende zehn Zustände, die die „positiven Einstellung das Alltagsleben der Menschen am meisten prägen" (Fredrickson 2011: 57): Freude, Dankbarkeit, Heiterkeit, Interesse, Hoffnung, Stolz, Vergnügen, Inspiration, Ehrfurcht und Liebe. Diese positive Grundhaltung und ihre Entwicklung hängt maßgeblich von unseren eigenen Gedanken ab. Nachweislich sorgt eine optimistische Lebensein-stellung, die z.B. auch durch eine regelmäßige Meditation deutlich gefördert werden kann, für positive Gefühle, die einerseits eine geringere Ausschüt-tung von Stresshormonen und andererseits höhere Werte von Hormonen (die für emotionale Bindungen relevant sind) verursachen. Ebenso wird durch positive Gefühle die Produktion von Hormonen angekurbelt, die das Immunsystem stärken und folglich stressbedingte Entzündungsreaktionen verhindern. Eine optimistische Grundhaltung wird auch in Zusammenhang mit niedrigem Blutdruck, weniger Schmerzen, selteneren Erkältungskrank-heiten und besserem Schlaf in Verbindung gebracht, was Betroffene weniger oft erkranken lässt. Die Risiken für Folgeerkrankungen wie Bluthochdruck, Diabetes oder Schlaganfall werden durch die positiven Gefühle deutlich verringert.[44]

---

[44] Vgl. Fredrickson, Barbara L., 2011: Die Macht der guten Gefühle, S. 120.

4.2 Glaube

Der Glaube an Gott wurde im Hinblick auf die Genesung und die Gesundheit von der Wissenschaft lange Zeit verachtet. Doch getreu dem Sprichwort ‚Glaube versetzt Berge' führt der Psychiater Raphael Bonelli (2007) eine Reihe von Studien auf, die belegen, dass Glaube zur Heilung beiträgt. Unter anderem zitiert er David B. Larson, der Ende der siebziger Jahre die Vorurteile gegenüber dem Glauben genauer betrachtet, da in jener Zeit besonders unter Psychologen die Meinung vorherrschte, dass Religiosität schädlich sei. Dabei wurde die Hingebung zum Glauben in Besuchen von Gottesdiensten, Bekenntnis zu Werten, sozialer Zugehörigkeit in der Kirche, Gebet und persönliche Gottesbeziehung gesehen. So stellt eine Studie aus dem Jahr 2007 heraus, dass religiöse Menschen nach einem Schlaganfall weniger depressionsanfällig sind, da bei den 130 untersuchten Schlaganfall-Patienten Angst und Depressionen umso häufiger auftreten, je geringer die Religiosität des Patienten ist. Ebenso eindeutig sind die Ergebnisse aus fünf Studien, die Glauben im Zusammenhang mit Suchterkrankungen näher betrachtet haben. Alle kommen zu dem Ergebnis, dass Religiosität und Sucht negativ assoziiert sind: Je höher die Religiosität, desto geringer die Anfälligkeit für Drogen, Alkoholismus und Medikamentenmissbrauch.[45]

Betrachtet man die in der kognitiven Verhaltenstherapie eingesetzte Methode der Selbst- oder auch interpersonellen Kommunikation genauer, können tatsächlich Parallelen zum täglichen Gebet gezogen werden. Als Selbstkommunikation bezeichnet Tönnies zumeist unwillkürlich auftretende Bewusstseinsinhalte, die vor allem die eigene Person betreffen und persönliche Erwartungen, Befürchtungen, Selbstanweisungen sowie seelisch-körperliche Gefühle bzw. Befindlichkeiten zum Inhalt haben.[46] Durch die Methode der ‚Positiven Selbstinstruktion' werden mögliche Schwierigkeiten bzw. Probleme als bewältigbar vorgestellt, so z.B. „Was auch immer passiert, ich werde damit zurechtkommen" oder ein/e Klient/in, der/die sich unbeliebt fühlt, wiederholt laut den Satz „Ich bin eine liebenswürdige Person". Auch im täglichen Gebet werden oft solche Aussagen formuliert, die Kraft und Stärke geben, um den Alltag positiv zu sehen und Herausforderungen anzunehmen. So heißt es im biblisch christlichen Glauben an Gott:

---

[45] Vgl. Bonelli, Raphael, 2007: Wer glaubt, hat es leichter. Neue Studien zeigen: Religiosität hilft bei psychischer Erkrankung. Vision 2000. 6/2007.

[46] Vgl. Tönnies, Sven, 1994: Selbstkommunikation. Empirische Befunde zu Diagnostik und Therapie, S. 24.

„Wie mich der Vater geliebt, habe auch ich euch geliebt; bleibet in meiner Liebe" (Bibel: Joh 15,9), was Selbstvertrauen sowie Selbstannahme bei einem Gläubigen schafft. Johannes Eckert, der Abt von St. Bonifaz in München sagt: „Glaube ist somit das Erleben von Vertrauen statt Angst, von Offenheit statt Verschlossenheit, von Freiheit statt Zwang" (Ottmann 2010: 56). Unter Geistigkeit versteht Frankl „aber nicht die Intelligenz oder das logische Denkvermögen, sondern Menschlichkeit, d.h. Entscheidungsfreiheit, Verantwortlichkeit, Wertesensibilität, Liebesfähigkeit, personale Würde und der göttliche Funke im Menschen" (Oppermann 2010: 16). Im Anschluss an den nächsten Punkt biete der religiöse Glaube neben Orientierung und Kontrolle ebenso einen Sinn im Leben und unterstütz und fördert das Selbstwertgefühl.[47]

Die beiden Autoren Gerti Samel und Sylvia Schneider (2007) führen die wichtigsten aus der Wissenschaft bestätigten Aspekte des Glaubens auf:

- **Glaube stärkt das Krisenmanagement:** Lebenskrisen und Probleme werden durch den Glauben besser bewältigt und verarbeitet.

- **Glaube schützt vor Stressleiden:** Gläubige sind insgesamt weniger anfällig für stressbedingte und psychosomatische Krankheiten.

- **Glaube begünstigt die Heilung:** Die Heilung wird durch den intensiven Glauben an eine Besserung gefördert.

- **Glaube sorgt dafür, dass man gesünder lebt:** Gemäß den Grundsätzen der Bibel werden von Gläubigen deutlich weniger schädliche Genussmittel wie Alkohol, Zigaretten und Drogen konsumiert. Durch das Ausbleiben der negativen Auswirkungen eines ungesunden Lebensstils bleiben Folgeschäden der Gesundheit aus. Greifen Gläubige jedoch trotzdem regelmäßig zur Zigarette, wurde bei ihnen ein niedrigerer Blutdruck als bei nichtgläubigen Rauchern gemessen.

- **Glaube schütz die Ehe:** Das Risiko einer Scheidung ist bei Gläubigen geringer und da die Scheidung als Stressfaktor Nummer eins gilt, bleibt dieser schädigende Faktor bei Gläubigen ebenso aus.

- **Glaube gibt Sicherheit:** Da der Tot im christlichen Glaubenskonzept fest eingebunden ist und auch der Tot einen höheren Sinn hat, können Gläubige das Sterben leichter annehmen. Die Resultate

---

[47] Vgl. Zwingmann, Christian; Moosbrugger, Helfried, 2004: Religiosität. Messverfahren und Studien zu Gesundheit und Lebensbewältigung, S. 242.

sind weniger angstvolle und verzweifelte Menschen im letzen Abschnitt ihres Lebens, stattdessen erfahren sie durch ihren Glauben Geborgenheit und Demut.[48]

Religion nimmt in Südafrika eine besonders bedeutende Stellung ein, was daran erkennbar ist, dass die Hingebung zum Glauben und der Prozentsatz der Kirchengänger im Vergleich zu Deutschland sehr hoch sind.[49] Neben 3 % Muslimen, 6 % anderen Glaubensrichtungen wie z.B. Hindus und nur 9 % Atheisten ist das Christentum mit 81 % in der südafrikanischen Bevölkerung dominant vertreten (siehe Abb. 3). „Eine EU-weite Erhebung im Jahr 2005 kam auf 25 Prozent der Deutschen, für die ‚weder Geist, noch Gott oder höhere Macht' existieren. Das ist deutlich mehr als in vielen anderen Ländern, nämlich ein Viertel der Bevölkerung", so heißt es im Artikel ‚Atheismus in Zahlen. Erlösung unerwünscht' in der Zeitschrift ‚Die Zeit' von Stefan Schmitt. Er greift ebenfalls den ‚Religionsmonitor 2008' der Bertelsmann-Stiftung auf, in dem die Leipziger Kultursoziologin Monika Wohlrab-Sahr gar vom ‚stabilen Drittel jenseits von Religiosität' spricht. Nicht allzu überraschend korreliert Konfessionslosigkeit statistisch mit anderen Merkmalen, wie sie der Münsteraner Religionssoziologe Detlef Pollack zusammengefasst hat: Männer, Hochgebildete, Städter und Besserverdiener sind überrepräsentiert.[50]

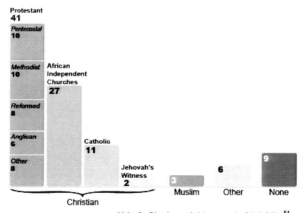

Abb. 3: Glaubensrichtungen in Südafrika[51]

---

[48] Vgl. Samel, Gerti; Schneider, Sylvia, 2007: Finde deinen Lebenssinn. Sieben Wege zu einem erfüllten Dasein, S. 44 f.

[49] Vgl. Bainbridge, James et al., 2010: Südafrika, Lesoto & Swasiland, S. 62.

[50] Vgl. Schmitt, Stefan, 2010: Atheismus in Zahlen. Erlösung unerwünscht. In: Die Zeit, 37/2010.

[51] Andre, 2011: Glaubensrichtungen in Südafrika – Teil II: Christentum.

4.3 Lebenssinn

Johnny Hart, ein US-amerikanischer Cartoon-Zeichner verwendete in einer Ausgabe seines Zeitungscomics B.C. (‚Before Christ'; in Deutschland unter dem Titel ‚Neander aus dem Tal veröffentlicht)' das Wortspiel: „Der Sinn des Lebens ist, über den Sinn des Lebens nachzudenken". Ganz anders beantwortet Volker Frankl, der die Wirklichkeit von Konzentrationslagern am eigenen Körper erfahren musste, die Frage nach dem Sinn des Lebens. Seiner Meinung nach liegt sie in der Herausforderung im menschlichen Leid. Die Sinnorientierungen hat für ihn einen großen Überlebenswert, den s.g. ‚Survival Value' und stellt „eine Bedeutung [dar], die ihn [jeden Menschen] überleben lässt." (Frankl 1998: 37) Angelika Wagner-Link führt als schützende Faktoren für die Gesundheit das Setzen eigener Ziele, diese im Auge zu behalten und sich zu engagieren auf. Dabei kann generell gesagt werden, dass Menschen das Leben für sinnvoll erscheint, wenn

- Ziele für die Zukunft und für das eigene Leben vorhanden sind. Da Menschen das Bedürfnis nach Zielen haben ist Ziellosigkeit auf Dauer für die meisten Menschen kaum erträglich.

- es durch Wertvorstellungen, wie z.B. religiöser Glauben, Moral oder Politik geprägt ist und dem Leben eine Orientierung giben.

- es als kontrollierbar erlebt wird. Dabei ist wie in Punkt ‚3.2.2 Handhabbarkeit (Sense of Manageability)' die eigene Möglichkeit gemeint, Situationen beeinflussen zu können. Eine nicht vorhandene Handhabbarkeit führt zu ‚erlernter Hilflosigkeit', die der betroffenen Person das Gefühl gibt, dem Schicksal hilflos ausgeliefert zu sein. Unter anderem wird die ‚erlernte Hilflosigkeit' als eine Ursache für Depressionen angesehen.

- die Person sich selbst als bedeutend und wertvoll annimmt. Hierbei sind bereits Erfahrungen in der Kindheit und im Elternhaus ausschlaggebend, bei denen im Idealfall den Kindern das Selbstvertrauen und –wertgefühl vermittelt wurde.[52]

---

[52] Vgl. Wagner-Link, Angelika, 2009: Aktive Entspannung und Stressbewältigung, S. 147 f.

Im christlichen Verständnis liegt der Sinn des Lebens in einer starken Beziehung zu Gott und der Pflege der Gemeinschaft mit den Mitgläubigen. Das von der Erbsünde belastete Leben wird durch die Taufe reingewaschen und durch Gebete und guten Werken fortgesetzt. Die in der Bibel geschriebenen Voraussetzungen lauten das Leben in Liebe, Buße und der Glaube an die Erlösung durch Jesus Christus.[53]

4.4 Sozialer Rückhalt

‚Soziales Immunsystem' gegen Krankheit – mit dieser Ausdrucksweise machte Bauch im Jahr 2000 deutlich, was unter dem sozialen Rückhalt verstanden werden kann.[54] Dazu zählen nahestehende Menschen wie Verwandte, Angehörige, Freunde, Bekannte, Arbeitskollegen und Nachbarn, die nachweislich einen positiven Einfluss und eine gesundheitsfördernde Ressource bei der Bewältigung von Belastungen und dem Verlauf von chronischen Erkrankungen darstellen. Zudem kann ein intaktes soziales Netz die negativen Effekte von Krisen und schweren Lebensereignissen abfedern, indem die Betroffenen geliebt und anerkannt werden, sowie bei Bedarf emotionale, kognitive und instrumentelle Hilfe erhalten.[55]

Zum einen kann die Wirkung des sozialen Rückhalts als Direkteffekt und zum anderen als Puffereffekt angesehen werden. Menschen, die in ein dichtes soziales Netzwerk eingebunden sind, geraten demnach seltener in Stresssituationen. Diese Auswirkungen werden unter dem Direkteffekt zusammengefasst. Vom Puffereffekt wird hingegen gesprochen, wenn Personen, die dennoch in einen Krisenzustand geraten, aber durch ihr funktionierendes soziales Netzwerk eine starke Unterstützung erhalten. Dadurch werden die negativen Auswirkungen der Stresssituation reduziert (siehe Abb. 4).[56]

---

[53] Vgl. Nowak, Kurt, 2007. Das Christentum. Geschichte, Glaube, Ethik, S. 73 – 78.

[54] Vgl. Bauch, Jost, 2000: Medizinsoziologie, S. 169.

[55] Vgl. Kunze, C., 2007: Gesund sein, sich gesund fühlen. Soziale Einflussfaktoren auf die Gesundheit, S. 35 f.

[56] Vgl. Kunze, Claudia, 2007: Gesund sein, sich gesund fühlen. Soziale Einflussfaktoren auf die Gesundheit, S. 36 f.

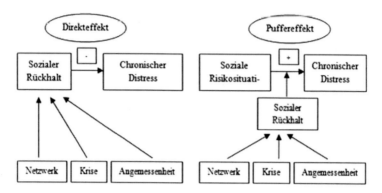

Abb. 4: Das Modell des sozioemotionalen Rückhalts[57]

---

5. Südafrika

Deutschland befindet sich laut der World Bank als Industrieland (high-income economy) an der Spitze der wirtschaftlichen Eingliederung der Länder von fünf möglichen Kategorien. In der Mitte, also auf dem dritten von fünf Plätzen wurde Südafrika als Schwellenland (upper-middle-income economy) eingestuft.[58] Das Bruttoinlandsprodukt, nach welchem die Länder eingeteilt werden, steht natürlich mit jeglichen im Land vorherrschenden Standards in Verbindung, was sich z.B. auch auf den medizinischen Faktor auswirkt. Zudem gibt es in Südafrika auch landestypische Besonderheiten, wie z.B. traditionelle Heiler, die in Deutschland so nicht vertreten sind. Auch der Umgang mit Tod ist mit dem, was den Deutschen geläufig ist, nicht zu vergleichen und soll im nächsten Abschnitt genauer verdeutlicht werden. Negativ bekannt ist Südafrika für die überdimensionale HIV- und Tuberkulose Ausbreitung und auch die sozialen Schwierigkeiten innerhalb des Landes sind nicht von der Hand zu weisen, worauf ich folgend näher eingehen werde.

5.1 Gesundheitserleben in Südafrika

In meinem Interview mit der Frage, warum es für die Kinder bei Themba Care besser ist, in der Einrichtung anstatt im Krankenhaus zu sein, erhielt ich von der Sozialarbeiterin Virginia Tati folgende Aussage: „Ich würde sagen, dass unsere Krankenhäuser voll sind. Es gibt dort nicht genügend Betten. Ich kann es tatsächlich so ausdrücken. Wenn die Arbeit auf der medizinischen Seite des Kindes getan wurde, sollen sie zu Themba Care überwiesen werden, damit die Kinder zu 100 % genesen können, bevor sie nach Hause gehen. Das ist der Grund, warum die Krankenhäuser Themba Care fragen, sie haben nicht genügend Betten. Wir kümmern uns um das Kind für drei Monate, für vier oder fünf Monate, abhängig davon, ob das soziale Problem gelöst ist. Das ist der Grund, warum die Krankenhäuser die Kinder zu Themba Care schicken." (Anhang B: Zeile 38)

Ich empfand diese Aussage persönlich als sehr ehrlich und direkt, da andeutungsweise die überfüllten Krankenhäuser angegriffen werden, die die Patienten auch dann entlassen, wenn noch keine 100-prozentige Genesung eingetreten ist und eine Gefährdung des Patienten durch ungelöste

---

[58] The World Bank: Country and Lending Groups.

soziale Probleme innerhalb der Familie auftritt. Um zu verstehen, warum in Südafrika so gehandelt wird, möchte ich mich im nächsten Abschnitt mit dem Gesundheitserleben in diesem Land beschäftigen.

5.1.1 Situation der medizinischen Versorgung

Daniel Rücker greift in seinem Artikel „Südafrika - Große Unterschiede in der Versorgung", der in der Pharmazeutischen Zeitung im Jahr 2012 online veröffentlicht wurde, die derzeitige medizinische Versorgung im afrikanischen Land auf. Es gäbe Krankenhäuser auf europäischem Niveau, gut ausgebildete Allgemein- und Fachärzte, ein großes Spektrum an Arzneimitteln und im Vergleich zu anderen afrikanischen Ländern sei die Versorgung nicht schlecht.[59] Von einer Erfolgsgeschichte spricht er diesbezüglich nicht, da nur eine kleine Minderheit der Bevölkerung davon profitiere. Nach Ende der Apartheid versprach die südafrikanische Regierung, die Gesundheitsversorgung gerechter und leistungsfähiger zu machen, u.a. indem der Zugang in den Wohngebieten durch mehr Ärzte und Krankenhäuser verbessert werde. Seitdem wurden rund 1 300 neue medizinische Anlaufstellen im öffentlichen Gesundheitswesen geschaffen, trotzdem sei das Hauptproblem, welches in den Unterschieden in der Versorgung liege, noch immer extrem. Nur Wohlhabende können es sich leisten, sich privat zu versichern und weitere Leistungen zu kaufen, weshalb deren medizinische Versorgung nahe am europäischen Standard sei. Die untere Bevölkerungsschicht, die hingegen auf die staatlichen Grundsicherungsleistungen angewiesen sind, „muss mit einem System zurechtkommen das in vielen Bereichen auf dem Niveau eines Entwicklungslandes liegt" (Rücker, 2012) und volle Krankenhäuser, lange Wartezeiten, eine schlechtere Behandlung sowie Nachsorge, eine frühere Entlassung und ggf. negative Auswirkungen in Kauf nehmen.

Auch die Verteilung der Ärzte im privaten und öffentlichen Bereich bestätigen diese extremen Unterschiede. So kümmern sich heute fast 80 % der Mediziner (in den 60er Jahren waren es noch 60 %) um rund 15 % der Bevölkerung im privaten Bereich. Im internationalen Vergleich liegt in Südafrika neben der Kindersterblichkeit (69 Todesfällen pro 1 000) auch die Müttersterblichkeit relativ hoch. Die Ungleichbehandlung zieht sich auch

---

[59] Rücker, Daniel, 2012: Südafrika - Große Unterschiede in der Versorgung. In: Pharmazeutische Zeitung, 24/2012.

in der Arzneimittelversorgung weiter fort - von den rund 10 000 Apothekern arbeitet nur ein Bruchteil im öffentlichen Sektor.[60]

Dass die privaten Krankenhäuser in den Hauptstädten auf höchstem Niveau agieren, wird durch Prof. Dr. Christiaan Barnard, dem Pionier der Herzchirurgie bewiesen. Ihm war es vor 40 Jahren gelungen, im Groote-Schuur-Hospital in Kapstadt, Südafrika, die weltweit erste erfolgreiche Herztransplantation durchzuführen.[61] Im Tygerberg Hospital, welches von der University of Stellenbosch in Kapstadt, Südafrika betrieben wird, ist der Versorgungsstandard bei akut lebensbedrohlichen Verletzungen sehr hoch[62], so schreibt es das Deutsche Ärzteblatt in seiner 14. Ausgabe 2011, „denn bei jeder schwierigen Operation ist mindestens ein hochqualifizierter Chirurg zugegen, der auf einen schier unermesslichen Erfahrungsschatz zurückgreifen kann. Man gewinnt den Eindruck, dass wenn eine direkte Herzstich- (..) Verletzung bei instabilen Kreislaufverhältnissen überlebbar ist, dann in dieser Institution." (Hautmann, 2011)

Ebenfalls durch die Verwendung des Bio-psycho-sozialem Modells (wie unter Punkt 3.3 Bio-psycho-soziales Modell beschrieben), ist zu erkennen, dass sich die Behandlung in Südafrika - zumindest im Bereich der privaten Gesundheitsversorgung - auf einem modernen Niveau bewegt. Auch die Ärztin bei Themba Care beschreibt ihr Aufgabenfeld in der Einrichtung folgendermaßen: „Wir denken darüber nach, wie wir aus sozialer Sicht in Bezug auf die Familien und aus medizinischer Sicht in Bezug auf die Klienten weiter verfahren werden. Wenn die Kinder irgendwelche medizini-schen Probleme haben, sprechen wir diese an und legen fest, was wir unternehmen werden, auch auf psychologischer Seite. Das Modell nach dem wir handeln nennt sich ‚Bio-psycho-soziales Modell', bei dem wir die Kinder aus diesen drei Punkten betrachten und einen Plan für den Rest der Woche erstellen." (Anhang A: Zeile 2)

---

[60] Rücker, Daniel, 2012: Südafrika - Große Unterschiede in der Versorgung. In: Pharmazeutische Zeitung, 24/2012.

[61] Hibbeler, Birgit, 2007: Christiaan Barnard. Star im OP und in den Klatschblättern. Deutsches Ärzteblatt, 51-52/2007, S. 104.

[62] Hautmann, Oliver, 2011: Polytraumaversorgung. Von Südafrika und den USA lernen, Deutsches Ärzteblatt 14/2011, S. 108.

5.1.2 Traditionelle Heiler

Wie John A. O. Ojewole im folgenden Abschnitt darstellt, werden in Südafrika viele Krankheiten mit der Verabreichung einheimischer Pflanzen behandelt. Diese jahrhundertlange Tradition der Heilung ist unter den Stämmen Südafrikas weit verbreitet und wird z.B. bei dem Zulus als „izangoma" bezeichnet, was übersetzt den „Kräuterkundigen" und „Geistheiler" bezeichnet. Neben diesen beiden Berufsgruppen von denen geglaubt wird, dass sie spirituell begabt und befähigt sind, gibt es auch traditionelle Geburtshelfer und spirituelle Heiler. Sie nutzen mehr als 350 der gebräuchlichsten Arten von über 30 000 Edelpflanzen (höher entwickelte Pflanzen), wobei viele dieser Pflanzen neben dem medizinischen ebenso für den spirituellen, rituellen, magischen und symbolischen Zweck genutzt werden. Zudem wird neben der Zubereitung von Pflanzen eine Person mit Exorzismus, Zaubersprüchen und Beschwörungen von einer Krankheit kuriert. Durch das Herbeirufen von Hexen und Zauberern wird um Vergebung der Sünden gefleht und mit Opferzeremonien und Heilriten um das Wohlwollen der Ahnen gebeten.[63]

Ojewole nach zu urteilen, gibt es „schätzungsweise 200 000 einheimische traditionelle Heiler in Südafrika und über 80 Prozent der Südafrikaner konsultieren noch diese Heiler, üblicherweise zusätzlich zu den gängigen, modernen, westlichen medizinischen Einrichtungen." (Ojewole 2002: 198). Der Verfasser gibt als Beispiel der Wirkung von Heilpflanzen die Behandlung von Epilepsie an. Dabei wird durch den Gebrauch von krampflösenden, einheimischen Heilmitteln eine erfolgreiche und effektive Behandlung der Krankheit erzielt. In einem Laborversuch, in dem Mäusen zwei verschiedene Mittel (Metrazol und Pixrotixin) zur Krampfbildung verabreicht wurde, konnte nach einer pharmakologischen Auswertung der Pflanzenextrakte dargestellt werden, „dass gemäß der Höhe der Dosis der Pflanzenextrakte (..) entsprechend starke krampflösende Aktivitäten im beschriebenen Tierversuch produziert wurden. Phenobarbitone (..) und Diazepam (..) wirken sehr stark und riefen krampflösende Effekte in den Mäusen hervor, sie boten 100prozentigen Schutz gegen durch Metrazol- und Picrotixin hervorgerufen Anfälle." (Ojewole 2002: 205).

---

[63] Vgl. Ojewole, John A. O., 2002: Südafrikanische Medizinpflanzen in der Zulu-Volksmedizin, S. 197-207.

Julia Zenker geht in ihrem Buchabschnitt „Traditionelle Medizin und Afrikanische Renaissance in Südafrika" besonders auf die politische Stellung der Heiler/-innen im Land und deren Rolle im Bezug auf HIV/AIDS ein. So standen Expräsident Thabo Mbeki und die umstrittene Gesundheitsministerin Manto Tshabalala-Msimang eine rein biomedizinische Behandlung von HIV/AIDS negativ gegenüber und lehnten diese ab, da sie auf ‚afrikanische Lösungen' und damit auf eine traditionelle Medizin zurückgreifen wollten. Daraufhin wurden zahlreiche Forschungskooperationen zwischen Universitäten und traditionellen Heilern/-innen gegründet, bei denen Seminare und Workshops angeboten wurden. Um die traditionelle Medizin im Gesundheitssystem genügend Anerkennung und Respekt zukommen zu lassen, wurde im Februar 2005 der ‚Traditional Health Practitioners Act' zur formalen Gleichstellung von Biomedizin und traditioneller Medizin verabschiedet, in dem auch die Bezeichnung für den/die Schulmediziner/-in von ‚medical health practitioner' zum ‚traditional health practitioner' geändert wurde.

Durch die von dem Institut für Pharmazie und der Stadtverwaltung angebotenen Workshops zu Themen wie AIDS, Tuberkulose, Diabetes, Erste Hilfe, häusliche Pflege und psychologische Beratung sollten in erster Linie die Standards der Heiler/-innen biomedizinisch geprägt werden, z.B. durch das Werben zur Durchführung von HIV-Tests oder der Überweisung von HIV-Verdachtspatienten in das nächstgelegene Krankenhaus. Lange Zeit wurde weltweit Unmut über die AIDS-Politik in Südafrika breit, da einerseits keine klare Taktik zur Bekämpfung der Epidemie zu erkennen war und andererseits die Bereitstellung von Antiretroviralen-Medikamenten[64] gebremst wurde.[65] Auch diese Vorgehensweise ist auf den Expräsidenten Thabo Mbeki zurückzuführen, der „öffentlich am Zusammenhang zwischen HIV und AIDS" zweifelte und somit auch keine „Übernahem von Umgangsstrategien mit HIV/AIDS aus dem Westen", sondern „afrikanische Lösungen im Kampf gegen AIDS" bevorzugte (Zenker 2010: 238).

---

[64] Antiretrovirale Medikamente werden bei der Behandlung einer HIV-Infektion eingesetzt um den Ausbruch von AIDS zu verhindern, indem die Virusvermehrung unterdrückt wird. Somit kann auch das Auftreten von opportunistischen Infektionen erheblich verringert werden. Die Medikamente werden erst dann eingesetzt, wenn die Infektion ein bestimmtes Stadium erreicht hat (CD4-Zellzahl: 350 Zellen pro µl Blut).

[65] Vgl. Zenker, Julia, 2010: Traditionelle Medizin und Afrikanische Renaissance in Südafrika, S. 223 f.

Der Vorteil dieser traditionellen ‚afrikanischen' Behandlung sind aber nicht völlig von der Hand zu weisen. Sie sind kostengünstig, schnell anwendbar und für jeden zugänglich. Allerdings werden enorme Nachteile und Risiken in Kauf genommen, wie eine falsche Handhabung von Medikamenten, eine falsche Diagnose durch die traditionellen Heiler/-innen, Missbrauch, unsachgemäßer Gebrauch bei Injektionen und eine fehlende professionelle ärztliche Betreuung, wie z.B. auftretende Komplikationen bei Geburten.

5.1.3   Umgang mit Tod am Beispiel der Zulus

Wie bereits mehrfach erwähnt identifizieren sich die meisten Südafrikaner mit ihrem Glauben sehr stark. Die Hauptreligionsgruppe der Christen glauben dabei an die Auferstehung nach dem Tod in den Himmel und wissen, dass ihre verstorbenen Angehörigen trotz des Todes gut aufgehoben sind. Dies ist laut eines der fünf notwendigen Strategien, die bei der Bewältigung des Trauerprozesses helfen. So ist es gemäß Worden in Anlehnung an Silverman wichtig, eine Verbindung mit den Verstorbenen herzustellen und an einem konkreten Ort, z.B. im Himmel zu lokalisieren.[66]

Viele Menschen in Südafrika ‚feiern' das Leben der Verstorbenen anstatt über den Tod zu trauern. Michael John Nel, Doktor der Theologie, gibt in seiner Promotionsarbeit ‚Die Vorfahren und Zulu-Familien Übergänge. Die Bowen-Theorie und praktische theologische Interpretationen'[67] die Beerdigungsrituale des bekanntesten südafrikanischen Stammes der Zulus zu verstehen. Für die Zulus ist der Tod ein Brauch der ‚Durchfahrt der Verstorbenen', welcher das Verständnis von Gemeinschaft und Zugehörigkeit beeinflusst. Dieses breite Verständnis der Auswirkungen von Tod kann am besten im Hinblick auf das Konzept der Familie als eine emotionale Einheit demonstriert werden. Jeder Todesfall beeinflusst die Lebenden, zu denen die Mitglieder der ganzen Gemeinde gehören, sowie die Vorfahren, die Teil der Einheit Familie und damit zu gleichen Teilen betroffen sind. Die Begräbnisriten der Zulus versichern, dass obwohl die Person gestorben ist, er oder sie immer noch im Besitz der Gemeinde ist, mit der Familie verbunden bleibt und in einem Miteinander zu ihnen steht. Dieser Glaube unter den Zulu ist weder eine Leugnung noch ein Mittel zur Vermeidung der

---

[66] Vgl. Worden, James W., 2009: Grief counseling and grief therapy. A handbook for the mental health practitioner, S. 50.

[67] Originaltext: The ancestors and Zulu family transitions. A Bowen theory and practical theological interpretation.

harten Realität des Todes. Die Wahrheit wird deutlich verstanden und durch ihre Rituale bestätigt. Diese Riten bieten einen Prozess, durch den die Familie beginnen kann, mit dem Tod, dem Verlust und der damit verbundenen Angst zu Recht zu kommen.[68]

Die Zulus sind sich darüber bewusst, dass Tod sowohl ein physikalischer als auch ein emotionaler Prozess ist, in dem das Gleichgewicht der Familie und die Gegenseitigkeit der familiären Beziehungen bedroht und gestört ist. Die Intensität der Trauer wird durch Faktoren wie der Akzeptanz innerhalb der Familie, der funktionellen Bedeutung des Wegfalls eines Familienmitglieds, das Alter des Verstorbenen sowie die Länge und das Leid, mit dem Tod verbunden ist beeinflusst. So wird z.B. bei dem Versterben von älteren Menschen nicht getrauert, da dieser Tod nicht unerwartet kommt und die Verstorbenen nicht plötzlich genommen werden. Als eines der Rituale zählt auch das Händewaschen nach der Beerdigung und vor dem Festmahl. Dabei wäre es unhöflich, die Hände unter einem Wasserhahn zu waschen, sondern müssen in einer Schale, die unter den gesamten Trauergästen herumgereicht wird gewaschen werden, um das Gefühl der Zusammengehörigkeit und Gemeinschaft zu zeigen.[69]

Eine Vorstellung des Ablaufs einer Beerdigung unter dem Zulu-Stamm gibt Tim Senger von der kanadischen Wohltätigkeitsorganisation, die HIV und AIDS betroffene Kinder und Erwachsene in Südafrika unterstützt. Er beschreibt dabei, dass eine Beerdigung ein wahrhaftiges Fest mit viel Musik und traditionellen Speisen sei. Die Frauen tragen, im Gegensatz zu der in Deutschland üblichen Farbe schwarz, alle weiß und lange bevor der Gottesdienst beginnt wird viel gesungen.[70]

5.2 Häufige Krankheiten

Die am meisten verbreiteten Krankheiten in Südafrika sind neben sexuell übertragenen Infektionen wie HIV ebenso Tuberkulose, Malaria und Masern. Einerseits konnten für Südafrika typische Krankheiten wie Malaria- und Masernerkrankungen (Malariainfektionen 1999: 51 444, 2007: 5 210; Maserninfektionen 2004: 820, 2007: 31) in den letzten Jahren stark gesenkt

---

[68] Vgl. Nel, Michael J., 2007: The ancestors and Zulu family transitions. A Bowen theory and practical theological intertretation, S. 193 ff

[69] Vgl. ebd.

[70] Vgl. Senger, Tim, 2004: Zulu Celebrations.

werden, andererseits kann die Verbreitung von Tuberkulose und HIV-In-
fektionen in der Bevölkerung nicht eingedämpft werden. Südafrika steht auf
dem fünften Platz auf der Liste der 22 stärksten betroffenen Länder
weltweit und stellt damit eines der beiden größten öffentlichen Gesund-
heitsprobleme des Landes dar.[71]

5.2.1 HIV/AIDS

Die Ergebnisse bei der Bekämpfung der HIV-Verbreitung haben sich in den
letzen Jahren kaum verändert. Fünf von 24 Ländern mit den höchsten HIV-
Infektionsraten erreichen keinen offensichtlichen Rückgang bei der Aus-
breitung, darunter auch Südafrika, das über die größte HIV-Epidemie der
Welt verfügt. Bei einer Gegenüberstellung wird dies besonders deutlich:
Geschätzte 5,6 Millionen (11,2 %) infizierte Menschen lebten im Jahr 2009
in Südafrika, was der Anzahl von HIV-Erkrankten in ganz Asien entspricht.
Geschätzte 310 000 Südafrikaner sterben jedes Jahr an den Folgen der
Immunschwächekrankheit, was täglich einer Anzahl von 850 Personen entspricht, darunter ca. 274 Kinder unter 15 Jahren. Darüber hinaus infizieren
sich ungefähr 1 700 Menschen jeden Tag. Die jährliche Anzahl der Neuerkrankungen war im gleichen Jahr mit durchschnittlich 1,5 % noch immer
hoch, wobei seit dem Jahr 2001 bereits ein Rückgang von 0,9 % zu ver-
zeichnen war.[72] Einem Bericht der Ärzte Zeitung zufolge, ist jede dritte
schwangere Frau in Südafrika HIV-infiziert. Um die Immunschwäche zu
bekämpfen, sollen anstatt der knappen 450 Millionen 1,5 Milliarden
Kondome pro Jahr unter der Bevölkerung verteilt werden.[73] Außerdem will
die Regierung von Ministerpräsident Jacob Zuma die Erkrankung nun mit
einer kostenlosen Antiretroviraler Therapie[74] für die Infizierten eindämmen.
1,5 Millionen Menschen sollen demnach auf Staatskosten behandelt
werden, bislang sind es aber nur rund 500 000.[75]

---

[71] Vgl. World Health Organization (WHO): WHO REPORT 2007. Global tuberculosis control
– Surveillance, Planning, Financing.

[72] Vgl. World Health Organization (WHO), 2011: Global HIV/AIDS Response. Epidemic
update and health sector progress towards Universal Access, Progress Report 2011.

[73] Vgl. Ärzte Zeitung online, 2012: Fast jede dritte Schwangere in Südafrika HIV-infiziert.

[74] Antiretrovirale Therapie: HAART (engl. Highly Active Anti-Retroviral Therapy) bezeichnet
eine Kombinationstherapie aus mindestens drei verschiedenen Antiretroviralen Medikamenten zur Behandlung der HIV-Infektion.

[75] Vgl. Rücker, Daniel, 2012: Südafrika - Große Unterschiede in der Versorgung. In:
Pharmazeutische Zeitung, 24/2012.

UNICEF zufolge lebten 2006 1,2 Millionen Kindern in Südafrika, die beide Elternteile durch eine Krankheit verloren haben – damit liegt Südafrika mit den meisten AIDS-Waisen weltweit an der Spitze.[76] Auch Dr. Theresa Jennings, die zuständige Ärztin bei Themba Care in Athlone beschreibt HIV als die vorherrschende Infektion bei den Patienten in der Einrichtung: „Die meisten Kinder, die zu uns kommen [sind] HIV-positiv." (Anhang A: Zeile 6).

5.2.2 Tuberkulose

Im Gefolge von HIV hat sich auch Tuberkulose in Südafrika immer weiter ausgebreitet. Sie stieg von 1986 bis 2006 um das Vierfache auf rund eine halbe Millionen Infektionen.[77] Nach Angaben des globalen Tuberkulose Berichts 2011 der WHO wurden in Südafrika im Jahr 2010 fast 336 000 neue Tuberkulose Fälle gemeldet, fünf Jahre zuvor waren es mit ca. 260 000 Neuerkrankungen noch 76 000 weniger (siehe Tab. 1)[78].

Tuberkulose Neuerkrankungen in Südafrika			
	2005	**2007**	**2010**
Abstrich - positiv	119 906	135 604	132 107
Abstrich – negative/unbekannt	73 551	105 631	151 772
Abstrich – extrapulmonal (außerhalb der Lunge) + sonstiges	66 705	74 080	52 095
Gesamt	**260 162**	**315 315**	**335 974**

Tab. 1: Tuberkulose Neuerkrankungen in Südafrika[79]

Ein großes Problem bei der Behandlung von HIV wird durch die zweithäufigste Krankheit Tuberkulose erschwert. Dr. Jennings beschreibt dies folgendermaßen: „In Südafrika kommt HIV Hand in Hand mit Tuberkulose. Wir sehen hier eine Menge Tuberkulose bei unseren Kindern, ihren Familien, ihren Müttern und anderen Mitgliedern im Haushalt. Die häufigsten Krankheiten sind Tuberkulose und HIV und andere HIV-assoziierte

---

[76] Vgl. UNICEF, 2006: Welt-AIDS-Konferenz in Toronto. Bericht zu AIDS-Waisen in Afrika - „Afrikas verwaiste Generationen".

[77] Vgl. Rücker, Daniel, 2012: Südafrika - Große Unterschiede in der Versorgung. In: Pharmazeutische Zeitung, 24/2012.

[78] Vgl. ebd.

[79] Eigene Darstellung, Daten entnommen aus World Health Organization (WHO), WHO REPORT 2007 und WHO REPORT 2011.

Erkrankungen. Wir sehen eine Menge Pneumocystispneumonie[80] und andere Arten von Pneumonieninfektionen der unteren Atemwege". (Anhang A: Zeile 6).

Robert Loddenkemper und Barbara Hauer beschreiben die Zusammenhänge dieser HIV-Koinfektion in ihrem Artikel „Resistente Tuberkulose: Große Herausforderungen durch eine Weltepidemie", der im Deutschen Ärzteblatt International im Januar 2010 erschienen ist. Dem Bericht zufolge ist Tuberkulose „heute die weltweit tödlichste bakterielle (..) Infektionskrankheit", die zu den Haupttodesursachen bei HIV-Infizierten zählt. Der Grund dafür ist die Tuberkulose/HIV-Koinfektion, die ihren Schwerpunkt in Subsahara-Afrika hat, aber auch in anderen Weltregionen, einschließlich Europa zunimmt. Die Autoren greifen ebenfalls die Lage in Südafrika auf, bei der sich eine katastrophale Entwicklung im Jahr 2006 zeigt, „als es zu einer Übertragung von XDR-Tuberkulose[81]-Patienten in einer Dorfgemeinschaft mit hoher HIV-Prävalenz kam. Die betroffenen Patienten wurden hospitalisiert und eine Vielzahl von ihnen und Krankenhausangestellten starben innerhalb weniger Wochen. Hauptursachen für die dort anhaltende XDR-Tuberkulose-Übertragung sind – neben der hohen HIV-Prävalenz[82] – Verzögerungen in Diagnostik und Therapie, bzw. die unzureichende Verfügbarkeit moderner Diagnostikverfahren.[83] Die im Bericht schwerwiegende Komplikation bei der Behandlung von Tuberkulose im südlichen Afrika ist die Entstehung von multiresistenten Stämmen des Organismus, der die Krankheit verursacht. Patienten, die mit diesen multiresistenten Stämmen infiziert sind, erfordern eine längere Chemotherapie, die im besten Fall nur die Hälfte der Patienten heilen kann und zudem sehr teuer ist. Das stellt eine große Belastung für den Staat dar, der diese Therapien nicht immer finanzieren kann.[84]

---

[80] Pneumocystispneumonie: es handelt sich um eine besondere Form der Lungenentzündung durch den Pilz Pneumocystis jirovecii, die besonders häufig bei Immungeschwächten und AIDS-Erkrankten auftritt.

[81] XDR-Tuberkulose: engl.: "extensively drug resistant", darunter ist eine extrem arzneimittelresistente Tuberkulose gemeint, die durch Erreger ausgelöst wird, die gegen alle Erstlinien-Tuberkulosemedikamente und gegen mindestens zwei Zweitlinien-Tuberkulosemedikamente resistent sind.

[82] Prävalenz: sagt aus, wie viele Menschen einer bestimmten Gruppe an einer bestimmten Krankheit erkrankt sind

[83] Vgl. Loddenkemper, Robert; Hauer, Barbara: Resistente Tuberkulose: Große Herausforderung durch eine Weltepidemie. In: Deutsches Ärzteblatt International, Heft 1-2, 107/2010, Heft, S. 10-17.

[84] Vgl. Fourie, Bernard, 1996: The burden of tuberculosis in South Africa.

Die Ärztin Dr. Jennings von der Non-Profit-Organisation Themba Care greift das Problem der HIV/Tuberkulose-Infektionen ebenfalls auf. Da meist die Mütter wie ihre Kinder an HIV erkrankt sind, kümmert sich die Einrichtung neben den Bedürfnissen der Kinder auch um die Gesundheit der Mutter: „Die zwei wichtigsten Faktoren und meist verbreiteten Probleme in Südafrika, auf die wir schauen sind der HIV-Status und der Tuberkulose-Status, also ob die Mutter auf HIV untersucht wurde. Meist ist die Mutter HIV-positiv da das Kind ebenfalls HIV-positiv ist, es handelt sich dabei um eine vertikale Streuung, die wir hier bei der Übertragung des Virus von der Mutter auf das Kind sehen." (Anhang A: Zeile 14). Bevor die Kinder nach Hause entlassen werden können, muss sich die Mutter auf HIV und Tuberkulose im Krankenhaus testen lassen und ggf. mit einer Antiretroviralen Therapie oder der Tuberkulosebehandlung beginnen. Tritt der Fall auf, dass bei einem Elternteil Tuberkulose auftritt, beim Kind aber nicht, „kann das Kind nur auf Basis einer sechs monatigen Tuberkulose-Prophylaxe[85] entlassen werden." (Anhang A: Zeile 14)

5.3 Soziale Schwierigkeiten

Die sozialen Schwierigkeiten in der südafrikanischen Gesellschaft sind neben der medizinischen Seite der Grund, warum Säuglinge und Kinder als Patienten bei Themba Care aufgenommen werden. Um zu verstehen, warum diese Gründe Familien dazu bringen, dass sich diese nicht mehr ordnungsgemäß um ihre Kinder kümmern können, führe ich die häufigsten gesellschaftlichen Probleme, wie die Stigmatisierung von HIV/AIDS und Arbeitslosigkeit/Armut auf.

5.3.1 Stigmatisierung von HIV/AIDS Erkrankten

Die lebensverändernde Diagnose HIV-positiv ist nicht das einzige, mit dem Betroffene umgehen müssen. Durch die Tabuisierung des Themas HIV und AIDS in Südafrika ist für viele das Bekanntwerden der Krankheit eine vielfache Belastung, auch im familiären und sozialen Umfeld. Betroffene können in der Öffentlichkeit oft nicht über ihren Zustand sprechen, aus Angst, familiär oder sozial ausgeschlossen zu werden und schwere

---

[85] Tuberkulose-Prophylaxe: die Prophylaxe erfolgt durch Medikamente mit dem Wirkstoff Isoniazid. Dadurch kann verhindert werden, dass sich entweder eine direkte Erkrankung entwickelt oder eingeatmete Erreger in der Lunge einnisten und eine latente Infektion hervorrufen, aus der sich im späteren Leben eine Erkrankung entwickeln kann.

Demütigung zu erfahren. Zugleich werden die Betroffenen mit Selbstvor-
würfen und Verlustängsten konfrontiert. Die Stigmatisierung und Diskrimi-
nierung von HIV-Infizierten ist ebenfalls ein Grund dafür, warum sich so
viele Südafrikaner nicht auf die Immunschwächekrankheit testen lassen. So
erkannte 2008 auch der Generalsekretär der Vereinten Nationen Ban Ki-
Moon bei der 17. Internationalen AIDS Konferenz in Mexico den Stigmati-
sierungsfaktor als ein Hindernis für die HIV und AIDS Prävention an:[86]

*"Stigmatisierung bleibt das gewichtigste Hindernis für öffentliches Handeln.
Es ist ein Hauptgrund dafür, dass zu viele Menschen Angst davor haben,
zu einem Arzt zu gehen und um abklären zu lassen, ob sie die Krankheit
haben und gegebenenfalls die Behandlung in Anspruch zu nehmen.
Stigmatisierung macht AIDS zum stillen Killer, da Menschen die soziale
Schande darüber zu sprechen fürchten [...]. Stigma ist ein Hauptgrund
dafür, dass die AIDS-Epidemie weiterhin Gesellschaften auf der ganzen
Welt verwüstet." (Ban Ki-Moon, 17. Internationale AIDS Konferenz in
Mexiko)*

Als Gründe für die Stigmatisierung nennt Ban Ki-Moon folgende Faktoren:

- HIV/AIDS ist eine lebensbedrohliche Erkrankung, weshalb Menschen
  auf sehr starke Weise reagieren.

- Eine HIV-Infektion wird mit Verhaltensweisen wie Homosexualität,
  Drogensucht, Prostitution oder Promiskuität (häufiger Wechsel von
  Sexualpartnern) assoziiert. Bei diesen Themen herrscht von vorn
  herein in vielen Gesellschaften eine Stigmatisierung.

- Es gibt eine Menge falscher Informationen darüber, wie eine HIV-
  Übertragung stattfindet, was irrationales Verhalten und Fehlein-
  schätzungen vom persönlichen Risiko mit sich bringt.

- HIV-Infektion wird oft als das Ergebnis persönlicher Verantwortungs-
  losigkeit gesehen.

- Die Auswirkungen der Antiretroviralen Therapie auf die körperliche
  Erscheinung können zu erzwungener Offenlegung und Diskriminie-
  rung auf der Grundlage des eigenen Aussehens führen.[87]

Auch bei Themba Care sind zum Teil Mütter, die aufgrund ihrer eigenen
HIV/AIDS-Infektion und der ihrer Kinder die medizinische Versorgung zu

---

[86] Vgl. Washington Times, 2008: Ban KI-MOON. The stigma factor.

[87] Vgl. Washington Times, 2008: Ban KI-MOON. The stigma factor.

Hause nicht gewährleisten konnten. Die Scham und die Angst davor, sich vor ihrer Familie, Bekannten und Nachbarn durch die Verwendung von Antiretroviralen-Medikamenten zu verraten ist so groß, dass sie in der Vergangenheit ihren Kindern und sich selbst die Gabe der notwendigen Medizin verweigert haben. Das bestätigt auch Virginia Tati, die als Sozialarbeiterin für die Hilfe bei den sozialen und familiären Problemen in der Familie der Klienten bei Themba Care zuständig ist: „Manchmal ist ein Elternteil der Kinder z.B. HIV-positiv, das ist ein soziales Problem. Sie weiß nicht, wie sie offiziell damit umgehen soll aber dieses Problem beeinflusst ihr Kind. Manchmal ist das Kind ebenfalls HIV-positiv was bedeutet, die Mutter muss sich nun der Familie anvertrauen, damit sie die Medikamente frei vor der Familie geben kann." (Anhang B: Zeile 24)

Bei Themba Care soll deshalb so gut wie möglich versucht werden, den Klienten einen vernünftigen Umgang mit der Krankheit beizubringen. Eine Hilfestellung, sich vor dem engsten Familienkreis der Infektion zu bekennen, kann Fr. Tati in folgender Aussage bestätigen: „Wie ich schon erwähnt habe besteht manchmal das Problem, dass die Eltern der Kinder ihre eigene Familie noch nicht über ihre HIV-Infektion informiert hat. Wir können das Kind dann noch nicht entlassen, da die Mutter nicht frei sein wird, die Antiretroviralen Medikamente vor der Familie zu geben. Die Eltern müssen also versuchen dieses Problem zu lösen so dass wir es wissen. Die anderen Familienmitglieder müssen dann zu Themba Care kommen und uns besuchen, wir müssen eine Beziehung innerhalb der Familie erkennen, bevor wir das Kind entlassen." (Anhang B: Zeile 28)

5.3.2 Arbeitslosigkeit/Armut

Die Arbeitslosenquote in Südafrika ist ebenfalls eines der gravierendsten Probleme des Landes. Nachdem die Zahl der Arbeitslosen vom Höchststand im Jahr 2002 bis 2007 abgesunken ist, steigt sie seitdem wieder kontinuierlich an. So erreicht die Quote laut dem Quarterly Labour Force Survey im vierten Quartal des Jahres 2011 eine beunruhigend hohe Zahl von 23,30 %.[88] Der Vergleich zu Deutschland macht es noch deutlicher. Im selben Zeitraum herrschte gemäß den Angaben des Statistischen Bundesamtes in der Bundesrepublik eine Arbeitslosenquote von 6,5 %, also über

---

[88] Vgl. Statistics South Africa, 2012: Quarterly Labour Force Survey (QLFS), 4th Quarter 2011.

3,5-mal niedriger.[89] Erschreckend hoch liegt in Südafrika vor allem die Jugendarbeitslosigkeit mit 48,2 % Erwerbslosen im Alter von 15 bis 24 Jahren (Angaben beziehen sich auf das Jahr 2009).[90]

Der hohen Arbeitslosigkeit folgt eine große Armut. Der Studie ‚Poverty and inequality in South Africa' von Julian May zufolge, liegt das Pro-Kopf-Einkommen des Landes zwar auf einem oberen bis mittleren Einkommensniveau, doch die meisten Haushalte erleben entweder völlige Armut oder die Gefahr, in diese abzurutschen. Darüber hinaus zählt Südafrika zu den Ländern, bei denen die Verteilung von Einkommen und Vermögen am ungerechtesten ist. So gibt es noch immer zahlreiche Haushalte, die einen unbefriedigenden Zugang zu sauberem Wasser, Energie, der Gesundheitsversorgung und der Bildung haben - fast all diese Menschen leben in den für Südafrika so bekannten ‚Townships'[91]. In seiner Analyse definiert er 40 % (18 Mio. Menschen) der Haushalte in Bezug auf Konsumgüter als arm, da diese mit umgerechnet 35 € im Monat auskommen müssen. Ungefähr 10 Mio. Menschen der Bevölkerung (ca. 20 %) stehen 20 € zur Verfügung. Armut ist zwar nicht auf eine einzelne Gruppe beschränkt, tritt aber mit 61 % am häufigsten unter der schwarzen Bevölkerung auf. Neben 38 % Farbigen zählen nur 5 % der Inder und 1 % der Weißen zu der armen Bevölkerungsgruppe.[92]

Auswirkungen der vorherrschenden Arbeitslosigkeit und Armut sind auch in der Einrichtung Themba Care zu beobachten. Die Eltern vieler Patienten können sich keine Häuser oder Wohnungen leisten, so auch die Sozialarbeiterin Fr. Tati: „Andere Eltern haben keine Häuser in denen sie wohnen. Wir vermitteln diese Eltern an Organisationen, die ihnen helfen können um z.B. etwas zu bauen, wir nennen es ‚Shacks' (Hütte, Behausung), welches kein normales Haus und auch kein Steinhaus ist, es ist ein Haus aus Zinkmaterial." (Anhang B: Zeile 24) Auch die Unterernährung in der Bevölkerung hängt mit diesen Faktoren zusammen. Im Interview mit der Ärztin bei Themba Care gibt sie an, dass die Patienten eine Übermaß an „Unter-

---

[89] Vgl. Statistisches Bundesamt, 2012: Arbeitsmarkt. Arbeitslosenquote Deutschland.

[90] Vgl. Index Mundi: South Africa Unemployment. Youth ages 15-24.

[91] Township ist die Bezeichnung für die während der Apartheid in Südafrika eingerichteten Wohnsiedlungen für die schwarze, farbige oder die indische Bevölkerung. Sie besitzen auch heute noch die Ausmaße von mittleren und großen Städten, wobei diese durch eine geringe Infrastruktur und schlechte gesundheitliche Verhältnisse gekennzeichnet sind.

[92] Vgl. May, Julian, 1999: Poverty and inequality in South Africa, S. 2 f.

ernährung und opportunistische Infektionen[93], die mit Mangelernährung in Verbindung gebracht werden" aufweisen. (Anhang A: Zeile 6)

5.4 Glaube als Antwort auf südafrikanische Probleme

Bei der Ausführung des Punktes ‚4.2 Glaube' wurde bereits deutlich, wie sehr die Religion das Gesundheitserleben und den –zustand beeinflussen kann. In meiner Zeit in Südafrika bin ich auf die ‚Pentecostal Church' (deutsch: Pfingstgemeinde) gestoßen, die derzeit die schnellst wachsende Kirche in Südafrika darstellt.[94] Ebenso weltweit „zählt die Pfingstbewegung zu den am schnellsten wachsenden religiösen Bewegungen des 20. Jh.s." (Koschorke 2009: 23). Die Kirchenbewegung ist mir deshalb so sehr ins Auge gestochen, da ich bei ThembaCare auf eine alkoholabhängige Klientin gestoßen bin, die mir berichtete, dass sie aufgrund dieser Glaubensrichtung und seit sie zu Gott gefunden hat, ihr Leben neu geordnet und seit dem keinen Tropfen Alkohol mehr angerührt hat. Durch die intensive Beschäftigung mit dieser Pfingstbewegung erscheint es mir verständlich, dass Personen mit Problemen aus eigener Kraft einen großen Schritt in Richtung Genesung schaffen.

So gibt es bei den Pfingstlern klare Richtlinien, wie z.B. den Verzicht auf illegale Handlungen und Genussmittel wie Alkohol, Drogen, Nikotin und sexueller Zügellosigkeit, das Streben nach täglicher Arbeit, einer funktionierenden Ehe und der Unterstützung von Witwen, die alle durch auf Grundlage der Bibel bestehen.[95] Utopisch gesehen hieße es, dass durch eine weitere Verbreitung des Glaubens soziale Probleme weiter eingedämmt werden können – v.a. in Südafrika, da dort dem Glauben eine so wichtige Bedeutung und Aufmerksamkeit der Bevölkerung zukommt. Die Kriminalität, welche in Südafrika derzeit kaum in den Griff zu bekommen ist, würde in der Straffälligkeitsrate sinken. Durch die Resignation gegen Genussmittel tritt eine Gesundheitsförderung auf, so gäbe es eine positive Entwicklung des Gesundheitszustandes durch weniger Alkohol,- Drogen,-

---

[93] Opportunistische Infektionen: durch opportunistische Erreger (Bakterien, Pilzen, Viren oder Parasiten, die sich eine Primärerkrankung und die dadurch geschwächte Verfassung des Körpers und vor allem des Immunsystems zu Nutze machen) ausgelöste Infektion.

[94] Vgl. Miller-McLemore, Bonnie, J., 2012: The Wiley-Blackwell Companion to Practical Theology, S. 506.

[95] Vgl. Bernard, David K., 2008: Holiness and Culture. Remaining Relevant in the Twenty-First Century.

und Nikotinabhängige. Gerade in Südafrika Ist die HIV-Infektion die größte Bedrohung. Diese würde abhängig von der Einhaltung des nicht-außerehelichen Geschlechtsverkehrs ebenfalls sinken. Die hohe Erwerbs-losenquote könnte durch die Vermittlung des Strebens nach Arbeit, um die Familie versorgen zu können, gesenkt werden und der Staat hätte weniger arme ältere Menschen, die durch den Tod des Ehepartners in den sozialen Abstieg rutschen.

Durch die Pfingstgemeinden und ihrer Botschaft wurden selbst gesell-schaftliche Randgruppen erreicht. Durch die offen verkündete Liebe und der in der Gemeinschaft vermittelten Zugehörigkeit wuchsen Ansporn, Impulse und Ziele für ein eigenständiges Leben, das ihnen von Gott gegeben wurde.[96] Verhaltensgestörte Kinder und Jugendliche sowohl als auch Alkohol-, Nikotin-, und Drogenabhängige, die sich zu Jesus Christus bekannt haben, wurden in Sozialeinrichtungen der Pfingstgemeinde therapiert und haben mit nachhaltigerem Erfolg als sonst üblich aufgehört „zu lügen, zu stehlen, zu betrügen, zu saufen und zu faulenzen" (Eisenlöffel 2006: 189).

---

[96] Vgl. Eisenlöffel, Ludwig, 2006: Freikirchliche Pfingstbewegung in Deutschland, S. 189.

6. Am Beispiel „Themba Care Athlone"

Bei Themba Care in Athlone handelt es sich um ein pädiatrisches ‚Genesungs-Krankenhaus', bei dem insgesamt 18 HIV/AIDS-, terminal- oder chronisch erkrankte Säuglinge bzw. Kinder von 0 bis 12 Jahren Platz finden. Das Wort ‚Themba' bedeutet in der verbreiteten Sprachen Zulu übersetzt ‚Hoffnung' und soll ganz gemäß der Übersetzung den Patienten und ihren Familien eine neue Zukunftsaussicht gegeben werden. Die Kinder werden vorwiegend aus der Umgebung in die Einrichtung überwiesen, z.B. vom „Red Cross Children's Hospital", „Grootte Schuur" oder „Tygerberg Hospital", aber es gibt immer wieder Kinder, die aus anderen Teilen Südafrikas zu Themba Care kommen.

Dr. Theresa Jennings beschreibt die Epidemiologie bei Themba Care als folgende: „[wir sind] eine HIV-Einrichtung, folglich sind die meisten Kinder, die zu uns kommen HIV-positiv. In Südafrika kommt HIV Hand in Hand mit Tuberkulose. (..) Die häufigsten Krankheiten sind Tuberkulose und HIV und andere HIV-assoziierte Erkrankungen (..) [wie] Pneumocystis-Pneumonie und andere Arten von Pneumonien Infektionen der unteren Atemwege." (Anhang A: Zeile 6) Aber auch Unterernährung und damit assoziierte Krankheiten sowie Infektionen mit dem Cytomegalovirus (CMC) oder Epstein-Barr Virus (EBV) und normale Kinderkrankheiten wie Masern, Mumps und Windpocken werden in der Einrichtung behandelt.[97] Aufgrund der Vielfältigkeit der Krankheiten und den zahlreichen Folgeerkrankungen von HIV- und Tuberkuloseinfektion können die Krankheitsbilder bei den Patienten von Themba Care als heterogen definiert werden und bedürfen einer individuellen, auf jeden einzelnen Patienten zugeschnittene Behandlungsweise.

6.1 Konzept

Das Konzept, nach dem in der Non-Profit-Organisation gearbeitet wird, gilt in ganz Südafrika als einzigartig, da neben der medizinischen Pflege und der meist speziell benötigten Ernährung, besonders die familiäre Atmosphäre im Vordergrund steht. Aufgrund von sozialen Schwierigkeiten können die Kinder nach ihrem meist langwierigen Krankenhausaufenthalt nicht direkt nach Hause zurückkehren. Zu den sozialen Gründen zählen

---

[97] Vgl. Anhang A: Zeile 6.

meist die eigene HIV/AIDS-Erkrankung der Eltern, Geldprobleme bzw. Armut, Arbeitslosigkeit, schlechte Wohnverhältnisse, Minderjährigkeit der Eltern und zerstörte Familienstrukturen. Die Haupt-Behandlungsaufgabe liegt zwar nach wie vor in der Stabilisierung der Patienten auf Antiretrovirale Medikamente und einer angepassten Ernährung, die liebevolle und familiäre Umgebung unterstütz die Genesung aber bei weitem. Das Projekt wurde 2002 ins Leben gerufen, wobei es sich ursprünglich um ein palliativmedizinisches Zentrum für schwer kranke Säuglinge und Kinder handelte, die an AIDS erkrankt sind. Mit Hilfe von Themba Care wurden die Kinder und deren Familien mit Liebe und Mitgefühl auf einen friedlichen Tod vorbereitet und begleitet. Mit der Einführung von Antiretroviralen Medikamenten im Jahre 2003 und deren besseren Möglichkeit der Behandlung von HIV und AIDS wurde das Projekt in eine Einrichtung umstrukturiert, in der sich die Patienten stärken und besser entwickeln können, dabei werden besonders stark die Familien der Kinder mit einbezogen.

6.1.1 Patienten

Um bei Themba Care aufgenommen zu werden, muss neben dem medizinischer Aspekt auch ein soziales Problem im Elternhaus oder Ohnmacht der Erziehungsberechtigten gegenüber der Krankheit bestehen. So können z.B. alle unter Punkt ‚5.3 Soziale Schwierigkeiten' beschriebenen Probleme vorkommen. Meist haben die Patentien Geschwister, die trotz der sozialen Probleme bei den Eltern bleiben. Dies ist dadurch zu erklären, dass die Geschwister keine medizinischen Gründe aufweisen, um bei Themba Care aufgenommen zu werden und ein sozialer Grund allein nicht ausreicht.

Die Patienten werden durch eine 24-Stunden Betreuung durch qualifizierte Krankenschwestern gepflegt und überwacht. Da die Patienten generell mehrere Monate im Krankenhaus verbracht haben, ist der Entwicklungsstand der Kinder überwiegend nicht altersgerecht ausgebildet. Deshalb ist bei der Rund-um Behandlung die Förderung der Kinder besonders wichtig, dies geschieht z.B. durch Aufmerksamkeit, Spielen und Aktivitäten.
Jeden Wochenanfang findet eine durch die zuständige Ärztin betreute Visite statt, bei der die Einrichtungsleiter, die Sozialarbeiter, Betreuer und Krankenschwestern teilnehmen. Dabei wird jeder Fall einzeln besprochen und auf die Vorgeschichte des Patienten, die Krankheiten, den aktuellen

Gesundheitszustand, die familiäre bzw. soziale Situation eingegangen und auf dessen Basis ein Plan zur Genesung erstellt.

Bei Ankündigung oder Ankunft eines neuen Patienten wird die Familie und deren aktuelle Situation durch Hausbesuche des zuständigen Sozialarbeiters begutachtet. Besonders wichtig ist der Besuch bei der Entlassung, bei dem unter anderen geprüft wird, ob für die benötigten Medikamente ein Kühlschrank vorhanden ist oder ob die Hygienemaßnahmen durch Sterilisation der Materialen z.B. mit Hilfe eines Herds eingehalten werden können.[98]

6.1.2 Familie

Die Eltern werden ebenfalls durch die Mitarbeiter der Einrichtung bei den täglichen Aufgaben der Kinderpflege unterstützt. Da oft die Säuglinge sehr junger Mütter bei Themba Care sind, ist ihnen die Pflege ihrer Kinder noch nicht vollständig vertraut. In der Einrichtung lernen die Mütter z.B. früh aufzustehen, ihre Kinder zu baden und zu regelmäßig zu füttern. Sie haben immer die Möglichkeit, 24-Stunden bei ihren Kindern zu sein, indem ihnen ein eigenes Zimmer für die Zeit der Behandlung ihrer Kinder zur Verfügung gestellt wird. Zudem werden die Eltern spirituell und emotional unterstützt, was besonders bei der Vorbereitung auf einen Todesfall und die damit verbundene Trauer von enormer Bedeutung ist. Vor der Entlassung der Patienten müssen die Eltern geschult werden, die laufende Pflege zu Hause zu bieten zu können. Dies ist vor allem bei der Medikamentengabe, der speziellen Ernährung und den ergotherapeutischen Übungen von Bedeutung. Nach der Entlassung der Patienten in ihre Familien wird eine „Follow-up" Betreuung angeboten, bei der die Eltern auch weiterhin unterstützt werden, welches sich aus einem multidisziplinären Team aus Krankenschwestern, Ergotherapeuten und Ernährungsberater zusammensetzt. Derzeit sind zwei dieser Teams bei den Hausbesuchen eingesetzt, die insgesamt bis zu 80 Familien im Monat betreuen können.[99]

---

[98] For the Cause: Themba Care Athlone.

[99] For the Cause: Themba Care Athlone.

6.2 Anwendung Salutogenetischer Aspekte

In der oben aufgeführten Konzeption kann bereits erkannt werden, welch große Rolle die sozialen Gesichtspunkte in Bezug auf die Heilung der Kinder und die Lösung der Probleme innerhalb der Familien für die Einrichtung spielen. Ergänzend soll anhand der ausgearbeiteten Salutogenetischen Aspekte analysiert werden, ob diese bei Themba Care zutreffen, obgleich sie nicht ausdrücklich in der Konzeption festgeschrieben sind.

Im Pflegeplan, der für jeden einzelnen Patienten wöchentlich neu angefertigt wird, werden alle drei Betrachtungsweisen des ‚Bio-psycho-sozialen Modells' mit einbezogen, wodurch ein Salutogenetischer Aspekt bestätigt wird: „Wenn die Kinder irgendwelche medizinischen Probleme haben, sprechen wir diese an und legen fest, was wir unternehmen werden, auch auf psychologischer Seite. Das Modell nach dem wir handeln nennt sich ‚**Bio-psycho-soziales Modell**', bei dem wir die Kinder aus diesen drei Punkten betrachten und einen Plan für den Rest der Woche erstellen." (Anhang A: Zeile 2) Zum psychischen und sozialen Standpunkt des Modells können z.B. die bessere Umgebung, die speziell für die Bedürfnisse der Patienten ausgerichtet ist und die Möglichkeit der Mütter, 24- Stunden bei ihren Kindern zu sein gezählt werden.[100] Dr. Jennings betont dies ganz: „sobald aber ihr Gesundheitszustand es erlaubt, ist es wirklich um einiges besser bei Themba Care zu sein, da das Umfeld mehr wie ein zu Hause ist, bei dem die Mütter oder ein Mitglied der Familie bei ihnen sein kann. Wir können hier versuchen, anderen Bedürfnissen der Kinder gerecht zu werden, das so im Krankenhaus nicht möglich wäre, z.B. ihre psychologischen oder emotionalen Bedürfnisse." (Anhang A: Zeile 8) Die Mutter-Kind Beziehung kann durch die kostenlosen Zimmer, die Themba Care anbietet gestärkt werden: „Sie sehen hier bei Themba Care haben wir diese Hütten nebenan, in denen wir vier Betten haben. In diesen vier Betten erlauben wir vier Müttern zu übernachten. Sie können von Montag bis Freitag hier schlafen und am Freitag wieder nach Hause gehen. Andere können am Wochenende kommen, wenn sie unter der Woche arbeiten. Wir versuchen eine Beziehung zwischen Mutter und Kind aufzubauen, sie können jeder Zeit und wann immer sie wollen ihr Kind besuchen." (Anhang B: Zeile 30) Es gibt keine festgelegten Monate, die die Kinder in der Einrichtung im Höchstfall

---

[100] Vgl. Anhang A: Zeile 4.

verbleiben können, da diese Entscheidung sowohl von den medizinischen, als auch von den sozialen Problemen der Eltern abhängig ist.[101]

Durch die Bedeutung des **Lebenssinns** in der Logotherapie und die in der **Personenzentrierten Beratung** besprochenen Aspekte wie eine **positive Lebenseinstellung** können diese Punkte unter Beratung zusammengefasst werden. Die Familien werden unterstützt, „ebenso durch Bildung, da wir ihnen beibringen, wie sie bessere Eltern auch ohne Themba Care sein können, (..) weshalb wir versuchen, die Eltern zu ‚erziehen' und zu ermutigen, damit sie sich in der richtigen Art um ihre Kinder kümmern können." (Anhang B: Zeile 26)

Die Methode **Empowerment** kommt zum Einsatz, indem die Sozialarbeiterin Virginia Tati „den Müttern der Kinder Beratung an[bietet] und (..) sie [bestärkt], um ihnen Hoffnung zu geben, dass es ihren Kindern eines Tages wieder besser gehen wird." (Anhang B: Zeile 18) Zudem werden HIV-Infizierte Eltern bestärkt, sich den Familien mit ihrer Krankheit anzuvertrauen: „Er oder sie weiß nicht, wie sie offiziell damit umgehen soll aber dieses Problem beeinflusst ihr Kind. Manchmal ist das Kind ebenfalls HIV-positiv was bedeutet, die Mutter muss sich nun der Familie anvertrauen, damit sie die Medikamente frei vor der Familie geben kann. (Anhang B: Zeile 24) Auch die Ärztin bildet die Familien mit dem Wissen aus, damit sie „mit der Krankheit des Kindes und dem Zustand umgehen können, bevor sie nach Hause gehen." (Anhang A: Zeile 10) Anhand dieser Aussagen, kann ebenfalls die Personenzentrierte Beratung, Empowerment, sowie eine Ermutigung zur positiven Lebenseinstellung und einem Lebenssinn bestätigt werden. Der im Punkt ‚3.4.2 Empowerment' angesprochenen Aspekt des ‚Engagements und der Förderung', bei dem Gleichbetroffene unter dem Beistand von Mentoren an zielbewusste Ereignisse herangeführt werden, kann auf Themba Care übertragen werden. Die anderen Mütter der Patienten stellen dabei die Gleichbetroffenen dar und die Aufgabe des Mentors übernimmt der Sozialarbeiter. Durch die gegenseitige Bestärkung, die die Eltern in der Einrichtung untereinander erfahren hilft und bestärkt sie, mit ihren Kindern besser umzugehen und durch bewusste Zielvorgaben der Sozialarbeiter können Entwicklungen erreicht werden.

---

[101] Vgl. Anhang B: Zeile 22.

Des Weiteren wird das **Case Management** angewendet, indem jegliche Probleme der Familie zur Sprache kommen und so gut wie möglich versucht wird, diese mit Hilfe von anderen sozialen Organisationen zu lösen. Die Sozialarbeiterin gibt folgendes Beispiel: „Es kann auch sein, dass die Eltern von der Regierung kein Kindergeld erhält, welches ca. 25 € beträgt. Ein Hindernis kann sein, dass die Mütter keinen Ausweis haben. Wir lösen das soziale Problem, indem wir der Mutter helfen, ihren Ausweis zu bekommen, damit sie die Geburtsurkunde und anschließend das Kindergeld beantragen kann. Andere Eltern haben keine Häuser in denen sie wohnen. Wir vermitteln diese Eltern an Organisationen, die ihnen helfen können um z.B. etwas zu bauen, wir nennen es ‚Shacks' (Hütte), welches kein normales Haus und auch kein Steinhaus ist, es ist ein Haus aus Zinkmaterial." (Anhang B: Zeile 24) Einige Fälle werden entweder selbst weitergeleitet oder an das Ministerium für soziale Entwicklung überwiesen, „dort werden die Fälle wiederum zur Kinder- und Jugendhilfe weitergeleitet. Oft schauen wir auch selbst nach Einrichtungen, wie z.B. (..) nach einem Kinderheim, da Themba Care selbst kein Kinderheim darstellt. (Anhang B: Zeile 36)

Eine besonders wichtige Komponente in der Behandlung stellt der **Soziale Rückhalt** dar. Durch den Beistand und dem offenen Umgang mit HIV/AIDS, den die Eltern von Themba Care erhalten, um sich ihren Familien aufgrund ihrer HIV Erkrankung anvertrauen zu können, soll der **Stigmatisierung** der Krankheit entgegengewirkt werden. Nach der Aussprache müssen „die anderen Familienmitglieder (..) dann zu Themba Care kommen und uns besuchen, wir müssen eine Beziehung innerhalb der Familie erkennen, bevor wir das Kind entlassen." (Anhang B: Zeile 28) Dadurch werden die Kinder im Umgang mit dem Thema HIV/AIDS selbst zu Offenheit erzogen. So erhalten einerseits die Eltern einen sozialen Rückhalt durch die Einrichtung und ihre Familien: „Im Fall eines Kindes ist die ganze Familie involviert. Der Grund dafür ist, dass die Mütter sich manchmal nicht genügend um das Kind kümmern bzw. die Familie der Mutter. Wir versuchen dann die Familie väterlicherseits des Kindes zu involvieren, wenn die Familie der Mutter nicht interessiert ist." (Anhang B: Zeile 34) Zum anderen erfahren die Patienten ebenfalls von der Einrichtung, sowie von ihren Eltern, durch eine mögliche 24-Stunden Anwesenheit den nötigen Rückhalt. Die Kinder genesen merklich besser, wenn sie von den Müttern selbst gepflegt und zu Bett gebracht werden, wodurch auch die Entlassung zurück in die Familie mit weniger Komplikationen verbunden ist.

6.3 Erfolge

Bislang wurden mehr als 150 Kinder aufgenommen und mit ihnen und ihren Familien gearbeitet. Gemäß Themba Care, genesen bis zu 70 % der Patienten und können trotz ihrer HIV-Infektion und anderen Erkrankungen ein relativ normales Leben führen. Ein eindeutiges Zeichen für den Erfolg von Themba Care ist die Todesrate der Patienten, die sich im Jahr 2002 von 60 % auf unter 2 % in 2009 reduzierte. Es wird auch berichtet, dass Kinder, die ursprünglich aufgrund der Todesvorbereitung in die Einrichtung kamen und laut der Ärzte nur noch eine Lebenszeit von 1 Tag oder 1 Woche hatte, noch Jahre später am Leben waren.[102]

Auch ich konnte innerhalb weniger Tage bei vielen Kindern eine eindeutige Verbesserung erleben. Die meisten, besonders die über 3-jährigen Kinder waren zu ihrer Anfangszeit bei Themba Care aufgrund ihrer langen Krankenhauserfahrungen sehr verschlossen, saßen meist nur anteilslos da und reagierten kaum auf Ansprache. Bereits nach einer Woche konnte ich bei allen Patienten eine grundlegende Veränderung sehen. Die Kinder ‚blühten' in dem familiären Umfeld wortwörtlich auf und erfuhren durch die intensive Aufmerksamkeit, dem Körperkontakt und das gemeinsame Spielen eine für sie ganz neue Art der Zuwendung. Auch im Hinblick auf die Eltern-Kind Beziehung hat sich im Laufe der Behandlungszeit bei Themba Care eine engere Verbindung aufgebaut. Viele der Eltern hatten aufgrund der sozialen Schwierigkeiten wie ungewollte frühe Schwangerschaft oder derzeitigen Abhängigkeitserkrankungen zu ihrem Kind keine elterliche Bindung aufgebaut. Durch die tägliche gemeinsame Zeit, in der sie ihre Kinder gefüttert, gebadet und sich mit ihnen beschäftigt haben, konnte eine innigere Verbindung aufgebaut werden. Durch die von Themba Care gewollte Verbindung der Eltern zu ihren eigenen Familien hat sich auch diese Beziehung verbessert.

---

[102] For the Cause: Themba Care Athlone.

7. Relevanz der Ergebnisse für Deutschland

Der Bedarf an Kinderheimen und Einrichtungen wie Themba Care ist in Südafrika aufgrund der immensen sozialen Schwierigkeiten innerhalb des Landes und dem daraus resultierendem Anteil an Waisenkindern sehr hoch. Deutschland hat mit solchen Krisen derzeit nicht zu kämpfen. Die klassischen Kinderheime in Deutschland sind vorwiegend für schwer erziehbare oder Kinder mit schwerwiegenden Problemen zu Hause gedacht, was die Anzahl an diesen Einrichtungen in Deutschland im Vergleich zu Südafrika als gering erscheinen lässt und kaum gleich zu setzen sind.

Wenn hingegen der Krankenhausaufenthalt der Kinder nicht zwangsläufig mit dem sozialen Aspekt der Familie verknüpft ist und nur auf die Versorgung der Patienten während und nach der Anwesenheit in der Klinik geblickt wir, kann auch in deutschen Gesundheitseinrichtungen ein Anwendungsbereich festgestellt werden.

Durch eine Krebserkrankung können Kinder „körperliche, soziale und seelische Belastungen erleben. Solche Belastungen, die auch Stressoren genannt werden, können etwa im Alltag, während des Klinikaufenthalts, in Beziehungen, in der Schule und Freizeit auftreten." (Ertlhaller 2009: 49) Um sozialen Belastungen wie beispielsweise dem Ausschluss des Freundeskreis, Freizeitaktivitäten, Beleidigungen, Hänseleien, Ablehnung, Kontaktängste und Unsicherheit besser umgehen zu können und um die Befindlichkeit zu erhöhen, muss die Krankheit mit deren Begleiterscheinungen verarbeitet werden. Hier greifen verschiedene Selbsthilfe wie auch das Konzept der Salutogenese.[103] Um den Patienten und auch ihren Familien neuen Mut und Zukunftsperspektiven, trotz einer schweren Erkrankung ihrer Kinder zu geben, ist es unausweichlich, die Salutogenetische Behandlungsweise anzuwenden. Hier müssen vor allem Professionen wie die Soziale Arbeit zum Einsatz kommen, denen Aufgabe speziell und ausschließlich die Betreuung der Patienten und ihren Eltern ist. So kann zum einen eine intensive Zusammenarbeit mit den Beteiligten gewährleistet werden und zum anderen sichergestellt werden, dass den Familien durch einen festen und vertrauten Ansprechpartner zukunftsgerichtete Perspektiven und Hilfen aufgezeigt werden. Die Rahmenbedingungen wie z.B.

---

[103] Vgl. Ertlthallner, Bianca, 2009: Krebs im Kinder- und Jugendalter. Kann soziale Betreuung während dem Spitalaufenthalt der sozialen Isolation entgegenwirken?, S. 49.

ausreichend Sozialarbeiter, eine adäquate Anzahl von Betreuungsfamilien sowie der Kontakt zu anderen Hilfsstationen wie eine geeignete Kirche müssen hierfür fest in den Arbeitsalltag integriert der Kliniken werden.

8. Schluss

Die Fragestellung, ob Patienten anhand der Salutogenetischen Behandlung besser und schneller genesen, kann aufgrund der Anwendung dieses Ansatzes in der Beispieleinrichtung Themba Care und den daraus ersichtlichen Ergebnissen eindeutig mit ja beantwortet werden. Das Bio-psychosoziale Modell, die Vermittlung des Lebensinns und einer positiven Lebenseinstellung in der Personenzentrierten Beratung, die Methoden des Empowerments sowie des Case Managements konnten in der Einrichtung angetroffen werden. Zurzeit ist diese Art der Einrichtung in Südafrika noch immer die einzige. Um zu verhindern, dass dort die Kinder nicht genauso stark von den sozialen Schwierigkeiten im Land betroffen werden wie ihre Eltern, müssen in Zukunft mehr Organisationen wie Themba Care geschaffen werden. Meine eigenen Erfahrungen mit der Behandlungsweise waren ausschließlich positiv. Ich konnte bei den Patienten große Entwicklungsschritte innerhalb weniger Tage beobachten, die auf das Konzept der Salutogenese und deren Aspekte zurückzuführen sind.

Dr. Jennings trifft es bei der Frage, ob die Patienten bei Themba Care schneller genesen auf den Punkt: „Definitiv, definitiv. Wissen sie, im Krankenhaus hat das Personal einfach nicht die Zeit, die Energie oder die Kapazität um sich um diese Kinder zu kümmern. Ich denke für Kinder, die eine schnelle Genesung haben ist es besser, im Krankenhaus zu bleiben, sie müssen nicht zu Themba Care kommen. Aber bei die HIV-positiven Kinder, die einen langen Zeitraum im Krankenhaus verbringen und ihre Familien involviert, kann das gar nicht verglichen werden." (Anhang A: Zeile 16)

Anhang A: Interview mit Dr. Theresa Jennings

Durchgeführt am: 07. November 2011

Länge des Interviews: 6:45 Min

Teilnehmer: Dr. Theresa Jennings, Daniela Brieschenk

1	Fr. Brieschenk 00:00:01-8	Was sind ihre Aufgaben bei Themba Care?
2	Dr. Jennings 00:00:04-7	Ich bin die zuständige Ärztin bei Themba Care und komme jeden Montag zur Visite auf der Station. Bei der Visite sprechen wir über jeden einzelnen Patienten und machen jede Woche einen dazugehörigen Pflegeplan. Wir denken darüber nach, wie wir aus sozialer Sicht in Bezug auf die Familien und aus medizinischer Sicht in Bezug auf die Klienten weiter verfahren werden. Wenn die Kinder irgendwelche medizinischen Probleme haben, sprechen wir diese an und legen fest, was wir unternehmen werden, auch auf psychologischer Seite. Das Modell nach dem wir handeln nennt sich ‚**Bio-psycho-soziales Modell**‘, bei dem wir die Kinder aus diesen drei Punkten betrachten und einen Plan für den Rest der Woche erstellen. Zudem schaue ich nach den kranken Kindern wobei ich unter der Woche zwar nicht selbst bei Themba Care bin, aber jederzeit über das Handy erreichbar bin oder einen Anruf bekomme, wenn ich aus irgendwelchen Gründen in die Einrichtung kommen muss.
3	Fr. Brieschenk 00:00:55-5	Warum ist es für die Kinder besser bei Themba Care zu bleiben im Vergleich zum Krankenhaus?
4	Dr. Jennings 00:01:01-5	Ja, dafür gibt es einige Gründe. Die erste Sache ist, dass es hier einfach schöner für die Kinder ist, es ist eine bessere Umgebung für sie und wir haben hier Personal, das speziell für die Bedürfnisse der Kinder da ist. Wir haben hier eine Ergotherapeutin, die sich um die Entwicklungsdefizite der Kinder kümmert und eine Ernährungsberaterin, die gezielt die Ernährung auf die Bedürfnisse der Kinder anpassen kann. Zudem haben wir die Sozialarbeiter, die bei uns nicht die gleiche Arbeitsbelastung wie im Krankenhaus haben, so dass sie hier in der Lage sind schneller zu handeln. Ein weiter offensichtlicher Grund ist, dass es hier weniger Infektionen als im Krankenhaus gibt. Wenn die Kinder im Krankenhaus sind, werden sie einer Menge von Infektionen ausgesetzt, so ist es folglich ein gesünderer Platz für sie hier zu bleiben. Ein weiterer sehr wichtiger Grund ist, dass die Mütter bei ihren Kindern bleiben können. Im Krankenhaus hingegen werden die Mütter zwar dazu ermutigt zu bleiben, allerdings müssen sie auf einem Stuhl neben der Seite des Bettes bleiben. Wir hingegen kümmern uns auch um die Mütter. Es ist also im Allgemeinen eine

glücklichere und gesündere Umgebung für die Kinder.

5	Fr. Brieschenk 00:02:02-5	Was sind die meist verbreiteten Krankheiten, die die Kinder bei Themba Care aufweisen?
6	**Dr. Jennings** 00:02:07-4	Im Wesentlichen sind wir eine HIV-Einrichtung, folglich sind die meisten Kinder, die zu uns kommen HIV-positiv. In Südafrika kommt HIV Hand in Hand mit Tuberkulose. Wir sehen hier eine Menge Tuberkulose bei unseren Kindern, ihren Familien, ihren Müttern und anderen Mitgliedern im Haushalt. Die häufigsten Krankheiten sind Tuberkulose und HIV und andere HIV-assoziierte Erkrankungen. Wir sehen eine Menge Pneumocystis-Pneumonie und andere Arten von Pneumonien Infektionen der unteren Atemwege. Wir sehen eine Menge Unterernährung und opportunistische Infektionen, die mit Mangelernährung in Verbindung gebracht werden. Aber wissen sie, wir sehen hier bei Themba Care wirklich alles, auch Erkrankungen mit dem Cytomegalo-Virus (CMC) (auch Zytomegalie genannt); Epstein-Barr Virus (EBV) zusammen mit den normalen Kinderkrankheiten wie Masern, Mumps oder Windpocken, all diese Sachen.
7	Fr. Brieschenk 00:03:05-8	Können sie die Krankheiten bei Themba Care auf gleichem Weg wie im Krankenhaus behandeln?
8	**Dr. Jennings** 00:03:10-7	Nein, aus medizinischer Sicht sind wir nicht ganz so gut ausgestattet, um bestimmte Krankheiten zu behandeln, da wir nur eine Einrichtung auf Basisniveau sind. Wir geben keine i.v.-Flüssigkeiten (intravenösen Flüssigkeiten) oder i.v.-Medikamente (intravenöse Medikamente). Wenn also die Kinder wirklich krank sind und eine Behandlung im Krankenhaus benötigen, ist es für sie besser im Krankenhaus zu sein. Sobald aber ihr Gesundheitszustand es erlaubt, ist es wirklich um einiges besser bei Themba Care zu sein, da das Umfeld mehr wie ein zu Hause ist, bei dem die Mutter oder ein Mitglied der Familie bei ihnen sein kann. Wir können hier versuchen, anderen Bedürfnissen der Kinder gerecht zu werden, das so im Krankenhaus nicht möglich wäre, z.B. ihre psychologischen oder emotionalen Bedürfnisse. Also ja, wir handhaben bestimmte Dinge hier anders als bei der Behandlung im Krankenhaus.
9	Fr. Brieschenk 00:03:55-5	Welche medizinischen Faktoren muss das Kind erfüllen, bevor es zurück in die Familie entlassen werden kann?
10	**Dr. Jennings** 00:04:01-1	Da die meisten Kinder HIV-positiv sind, müssen sie aus medizinischer Sicht auf Antiretrovirale Medikamente und ihre Medikation stabilisiert worden sein. Am besten ist es, wenn die Patienten ihre Medikation bereits gestartet haben um sicherzugehen, sie vertragen die Medikamente gut und die Familien sind in der Lage,

ihnen die Medikamente zu geben – das ist der erste Punkt. Die zweithäufigste Problematik ist Unterernährung. Wir stellen sicher, die Kinder befinden sich außerhalb des gefährlichen Stadiums der Unterernährung, sie lassen sich gut ernähren und die Familie ist in der Lage, ihr Säugling zu füttern. Danach hängt es individuell vom Patienten ab. Wir stellen sicher, dass es ihnen besser geht bevor sie nach Hause gehen. Falls sie an einer chronischen Krankheit leiden, z.B. Asthma und einer sehr schlechten Brust können wir nicht warten bis die Kinder nie wieder einen Asthmaanfall haben werden. Deshalb müssen wir uns darum kümmern, dass die Familien mit dem Wissen ausgerüstet sind, um mit der Krankheit des Kindes und dem Zustand umgehen können, bevor sie nach Hause gehen.

11	Fr. Brieschenk 00:05:01-1	Welche medizinischen Faktoren muss die Person, die das Kind nehmen wird, meistens die Eltern erfüllen, bevor das Kind zu ihnen entlassen werden kann?
12	**Dr. Jennings** **00:05:12-0**	Sie meinen aus Sicht der medizinischen Seite der Eltern?
13	Fr. Brieschenk 00:05:15-5	Ja.
14	**Dr. Jennings** **00:05:16-3**	Z.B. wollen wir sicherstellen, dass die Mutter gesund ist. Die zwei wichtigsten Faktoren und meist verbreiteten Probleme in Südafrika, auf die wir schauen sind der HIV-Status und der Tuberkulose-Status, also ob die Mutter auf HIV untersucht wurde. Meist ist die Mutter HIV-positiv da das Kind ebenfalls HIV-positiv ist, es handelt sich dabei um eine vertikale Streuung, die wir hier bei der Übertragung des Virus von der Mutter auf das Kind sehen. Wurde die Mutter auf ihre CD4-Zellen Anzahl untersucht? Falls dieser Wert unter 350 liegt, hat sie bereits mit der Antiretroviralen Therapie angefangen? Meistens warten wir, bis die Mütter mit ihren Antiretroviralen Medikamenten stabilisiert sind bevor wir das Kind nach Hause entlassen. Auch bei Tuberkulose sollte die Mutter die Tuberkulose Behandlung bereits gestartet haben und das Kind muss auf Tuberkulose untersucht worden sein. Falls Tuberkulose beim Kind festgestellt wurde werden wir die Behandlung starten, falls nicht, kann das Kind nur auf Basis einer sechs monatigen Tuberkulose-Prophylaxe entlassen werden.
15	Fr. Brieschenk 00:06:15-9	Aus ihrer eigenen Erfahrung als Arzt; können sie erkennen, dass Kinder bei Themba Care schneller genesen als Kinder, die im Krankenhaus bleiben?
16	**Dr. Jennings** **00:06:24-7**	Definitiv, definitiv. Wissen sie, im Krankenhaus hat das Personal einfach nicht die Zeit, die Energie oder die Kapazität um sich um diese Kinder zu kümmern. Ich denke für Kinder, die eine schnelle

Genesung haben ist es besser, Im Krankenhaus zu bleiben, sie müssen nicht zu Themba Care kommen. Aber bei die HIV-positiven Kinder, die einen langen Zeitraum im Krankenhaus verbringen und ihre Familien involviert, kann das gar nicht verglichen werden.

Anhang B: Interview mit der Sozialarbeiterin Virginia Tati

Durchgeführt am: 17. November 2011

Länge des Interviews: 8:50 Min

Teilnehmer: Virginia Tati, Daniela Brieschenk

17	Fr. Brieschenk 00:00:01-5	Was bietet Themba Care an?
18	**Fr. Tati** **00:00:04-7**	Sie können sagen Themba Care ist ein palliatives Hospiz. Themba Care gibt Kindern Hoffnung, da wir Kinder aus dem Krankenhaus überwiesen bekommen, welche an chronischen Erkrankungen leiden. Wenn Kinder aus dem Krankenhaus entlassen werden, werden sie zu Themba Care überwiesen. Hier bieten wir den Müttern der Kinder Beratung an und bestärken sie, um ihnen Hoffnung zu geben, dass es ihren Kindern eines Tages wieder besser gehen wird.
19	Fr. Brieschenk 00:00:46-2	Bis zu welchem Alter nimmt Themba Care Kinder auf?
20	**Fr. Tati** **00:00:50-3**	Hier bei Themba Care nehmen wir Kinder von null bis 12 Jahre.
21	Fr. Brieschenk 00:00:56-4	Für wie lange bleiben die Kinder im Durchschnitt in ihrer Einrichtung?
22	**Fr. Tati** **00:01:00-9**	Je nachdem, ich kann keine fixen Monate nennen. Gemäß dem Bundesministerium für Gesundheit, die Themba Care finanzieren, dass die Kinder für drei Monate hierbleiben. Es hängt auch von ihren medizinischen und sozialen Problemen ab und es ist sehr schwierig, die momentanen sozialen Probleme der Eltern zu lösen.
23	Fr. Brieschenk 00:01:31-1	Wir haben über die sozialen Schwierigkeiten gesprochen. Welche Probleme muss ein Kind oder seine Familie aufweisen, um vom Krankenhaus zu Themba Care überwiesen zu?
24	**Fr. Tati** **00:01:42-5**	Manchmal überweisen die Krankenhäuser die Kinder hier zu uns, da die Familien soziale Probleme haben, z.B. kann ein Elternteil der Kinder HIV-positiv sein. Er oder sie weiß nicht, wie sie offiziell damit umgehen soll aber dieses Problem beeinflusst ihr Kind. Manchmal ist das Kind ebenfalls HIV-positiv was bedeutet, die Mutter muss sich nun der Familie anvertrauen, damit sie die Medikamente frei vor der Familie geben kann. Es kann auch sein, dass die Eltern von der Regierung kein Kindergeld erhält, welches ca. 25 € beträgt. Ein Hindernis kann sein, dass die Mütter keinen Ausweis haben. Wir lösen das soziale Problem, indem wir der Mutter helfen, ihren Ausweis zu bekommen, damit sie die Geburtsurkunde und anschließend das Kindergeld beantragen kann. Andere Eltern haben keine Häuser in denen sie wohnen. Wir ver-

mitteln diese Eltern an Organisationen, die ihnen helfen können um z.B. etwas zu bauen, wir nennen es ‚Shacks' (Hütte), welches kein normales Haus und auch kein Steinhaus ist, es ist ein Haus aus Zinkmaterial. Das sind also die sozialen Probleme.

25	Fr. Brieschenk 00:03:16-1	Was unternimmt ihre Einrichtung, um den Kindern ein normales Umfeld zu geben?
26	**Fr. Tati** **00:03:17-2**	Wie ich schon erwähnt habe, unterstützen wir die Eltern und ihre Kinder. Ebenso durch Bildung, da wir ihnen beibringen, wie sie bessere Eltern auch ohne Themba Care sein können. Die Eltern bleiben schließlich nicht hier bei Themba Care für den Rest ihres Lebens, weshalb wir versuchen, die Eltern zu ‚erziehen' und zu ermutigen, damit sie sich in der richtigen Art um ihre Kinder kümmern können.
27	Fr. Brieschenk 00:04:09-1	Wenn es zu der Entlassung der Kinder kommt, welche Faktoren müssen die Familie oder die Leute, die die Kinder nehmen werden erfüllen, bevor das Kind zu ihnen entlassen werden kann?
28	**Fr. Tati** **00:04:19-0**	Wie ich schon erwähnt habe besteht manchmal das Problem, dass die Eltern ihre eigene Familie noch nicht über ihre HIV-Infektion informiert haben. Wir können das Kind dann noch nicht entlassen, da die Mutter nicht frei sein wird, die Medikamente vor der Familie zu geben. Die Eltern müssen also versuchen dieses Problem zu lösen so dass wir es wissen. Die anderen Familienmitglieder müssen dann zu Themba Care kommen und uns besuchen, wir müssen eine Beziehung innerhalb der Familie erkennen, bevor wir das Kind entlassen.
29	Fr. Brieschenk 00:04:54-7	Sie haben vorher bereits gesagt, dass Kinder im Alter von null bis 12 Jahren hier sind. Das ist die wichtigste Zeit für Eltern und Kinder um eine Beziehung zueinander aufzubauen. Wie unterstützt Themba Care den Aufbau dieser Beziehung?
30	**Fr. Tati** **00:05:11-8**	Sie sehen hier bei Themba Care haben wir diese Hütten nebenan, in denen wir vier Betten haben. In diesen vier Betten erlauben wir vier Müttern zu übernachten. Sie können von Montag bis Freitag hier schlafen und am Freitag wieder nach Hause gehen. Andere können am Wochenende kommen, wenn sie unter der Woche arbeiten. Wir versuchen eine Beziehung zwischen Mutter und Kind aufzubauen, sie können jeder Zeit und wann immer sie wollen ihr Kind besuchen. So bauen wir diese Beziehung auf.
31	Fr. Brieschenk 00:05:49-5	Macht Themba Care auch die Nachsorge?
32	**Fr. Tati** **00:05:54-4**	Ich würde ja sagen aber auch nein. Der Grund, warum ich das sage ist, da es vom Sozialarbeiter abhängt. Wenn die Sozialarbeiter eine Beziehung mit dem Klienten aufgebaut hat und er diesen

		nach der Entlassung besuchen möchte um zu sehen wie es ihm geht, sage ich ja. Deshalb sage ich ja und nein. Hier gibt es keine bestimmte Antwort, es hängt vom Sozialarbeiter selbst ab.
33	Fr. Brieschenk 00:06:27-5	Welche anderen Personen sind in den Fall eines Kindes involviert?
34	**Fr. Tati** **00:06:31-0**	Im Fall eines Kindes ist die ganze Familie involviert. Der Grund dafür ist, dass die Mütter sich manchmal nicht genügend um das Kind kümmern bzw. die Familie der Mutter. Wir versuchen dann die Familie väterlicherseits des Kindes zu involvieren, wenn die Familie der Mutter nicht interessiert ist. Ich im mir nicht ganz sicher, in welchem Sinn sie ihre Frage stellen.
35	Fr. Brieschenk 00:07:10-0	Z.B. auch das Ministerium für soziale Entwicklung?
36	**Fr. Tati** **00:07:10-2**	Okay, ja. Andere Leute sind auch beteiligt. Wir überweisen einige der Fälle zum Ministerium für soziale Entwicklung, dort werden die Fälle wiederum zur Kinder- und Jugendhilfe weitergeleitet. Oft schauen wir auch selbst nach Einrichtungen, wie z.B. jetzt gerade nach einem Kinderheim, da Themba Care selbst kein Kinderheim darstellt. Unsere Einrichtung ist nur ein Platz für einen kurzen Zeitraum, es ist nicht ein Kinderheim.
37	Fr. Brieschenk 00:07:54-3	Warum ist es besser für die Kinder zu Themba Care im Vergleich zum Krankenhaus?
38	**Fr. Tati** **00:07:54-3**	Ich würde sagen, dass unsere Krankenhäuser voll sind. Es gibt dort nicht genügend Betten. Ich kann es tatsächlich so ausdrücken. Wenn die Arbeit auf der medizinischen Seite des Kindes getan wurde, sollen sie zu Themba Care überwiesen werden, damit die Kinder zu 100 % genesen können, bevor sie nach Hause gehen. Das ist der Grund, warum die Krankenhäuser Themba Care fragen, sie haben nicht genügend Betten. Wir kümmern uns um das Kind für drei Monate, für vier oder fünf Monate, abhängig davon, ob das soziale Problem gelöst ist. Das ist der Grund, warum die Krankenhäuser die Kinder zu Themba Care schicken.

Anhang C: Interview with Dr. Theresa Jennings

Recorded on: 7th of November 2011

Length oft he interview: 6:45 min.

Participants: Dr. Theresa Jennings, Daniela Brieschenk

39	Mrs. Brieschenk 00:00:01-8	What are your tasks at Themba Care?
40	**Dr. Jennings** **00:00:04-7**	Ok, so I am the medical Dr. Jennings who comes to Themba Care and I come here every Monday to do a ward round an on the ward round we speak about each individual patient and we make a care plan for them for the next week. So we think about what we need to do socially from their families point of view and what we need to do medically, if they have any medical problems we address them and what we need to do psychologically for the children as well so we call it the **'biopsychosocial model'**, so we look at children from those three points of you and we make a plan for the rest of the week. Then I have a look at any sick children. During the week I don't actually come to Themba Care I´m available at the phone or get a call if I need to come in for anything.
41	Mrs. Brieschenk 00:00:55-5	Why is it better for the children to stay at Themba Care instead of staying at the hospital?
42	**Dr. Jennings** **00:01:01-5**	Well for a few reasons. The first thing is that it´s just nicer for the children here, it's a better environment for them, we have stuff here who is specifically aside to meet over children´s needs so we have the occupational therapist that looks after them, we have a dietitian who can specifically adapt their diet accordingly and we have the social workers that don't have the same caseload as they do in the hospital so they are able to do things faster. And the obvious reason that there is less infections here, when the children's are in hospital they are exposed to a lot of infections so it is a healthier place for them to stay and then another very important reason is that the mom´s can stay with them. Where in the hospital the moms are encouraged to stay, they have to stay on a chair next to the side of the bed where is here we try and look after our moms as well so it´s just a generally happier more healthier environment for the children.
43	Mrs. Brieschenk 00:02:02-5	What are the common diseases the children present at Themba Care?
44	**Dr. Jennings** **00:02:07-4**	Well, we are essentially an HIV-home so most of the children that come here are HIV-positive and in South Africa HIV goes

hand in hand with Tuberculoses (Tuberculoses). So we see a lot of Tuberculoses in our children together with their families, their mother or the other members of the household. So the most common diseases are Tuberculoses and HIV and the other HIV associated diseases. So we see a lot of pneumocystis pneumonia, there is other kinds of pneumonia lower respiratory tract infections, we see a lot of malnutrition and opportunistic infections that are associated with malnutrition. But you know we really see everything here, it´s Themba Care, even cytomegalovirus disease (CMV) and Ep-stein-Barr-Virus (EBV) together with the normal childhood infections, so measles, mumps, chicken pox, all of those things.

| 45 | Mrs. Brieschenk 00:03:05-8 | Can you treat the diseases the same way at Themba Care than at the hospital? |

| **46** | **Dr. Jennings 00:03:10-7** | Well, no. From a medical point of view we not quite as equipped to treat certain diseases because we only a primer level institution and we don't give IV-fluids (intravenous fluids) or IV-medication (intravenous medication). So if the children are really sick and require treatment at the hospital it´s better for them to be in the hospital but once they´ve come out of that stage it´s really so much better to be here because it is in an environment that is more like home so that mother can stay with them or a member of their family can be here and we can attempt to treat other needs that they can´t do at hospital like their psychological needs or their emotional needs. So yes, we treat things differently here than at the treatment in the hospital. |

| 47 | Mrs. Brieschenk 00:03:55-5 | Which medical factors must child fulfill to get discharged to the family? |

| **48** | **Dr. Jennings 00:04:01-1** | So from a medical point of view because most of the children are HIV-positive we need them to be established on antiretrovirals, on their medication. So we would like them to have started their medication and we know that they tolerate well and the family is able to give them their medication, so that's the first thing. The second thing, the second most common problematic is malnutrition so we want to make sure that the children are out of that vulnerable stage of malnutrition, that they are feeding well and that the family knows how to feed them and then after that it depends on the individual patient. So we want to make sure they are better before they go home. And if they do have a chronic illness we need to make sure like for example asthma and a very bad chest we not going to wait until they never have a asthma attack so we want to make sure that the family is equipped to deal with that condition when they go home. |

| 49 | Mrs. Brieschenk | Which medical factors must the person that will take the |

	00:05:01-1	child, mostly the parents fulfill before the child can get discharged to them?
50	**Dr. Jennings** **00:05:12-0**	You mean from the parents point?
51	Mrs. Brieschenk 00:05:15-5	Yes.
52	**Dr. Jennings** **00:05:16-3**	For example, it is most often the mother that yes and we want to make sure that the mother is healthy. So the two big things that we look are that are which are very common problems in South Africa are HIV-status and Tuberculoses-status so has the mom be screened for HIV. Most of the time the mom is HIV-positive because the child is HIV-positive and its vertical spread that we see here so from mother to child so has the mom has the CD4 count checked and if it is low, below 350 has she been started on antiretrovirals and most of the time we will wait until the mom is established on her own antiretrovirals before we will send the child home. As well as Tuberculoses we want her to be started on Tuberculoses -treatment and for the child to be screened for Tuberculoses, if there is Tuberculoses in the child we will then start Tuberculoses -treatment, if there isn´t we will send the child home on Tuberculoses -preventive treatment which is Isoniazid (also called Nydrazid) for six months.
53	Mrs. Brieschenk 00:06:15-9	Out of your own experience as a Dr. Jennings, can you see that children at Themba Care get well sooner than children that stay at the hospital?
54	**Dr. Jennings** **00:06:24-7**	Definitely, definitely. You know they just don't have the time, the energy or the capacity to manage these children at hospital. So I think for children that are going to have a quick admission of course it´s better at hospital, you don't have to come here. But for these HIV-positive children that do require longer admissions and inputs to their family absolutely, I mean you can´t even compare.

Anhang D: Interview with the Social Worker Virginia Tati

Recorded on: 17th of November 2011

Length oft he interview: 8:50 min.

Participants: Virginia Tati, Daniela Brieschenk

55	Mrs. Brieschenk	What does Themba Care offer?
	00:00:01-5	
56	**Mrs. Tati**	Themba Care if u can say Themba Care, Themba Care is a
	00:00:04-7	palliative hospice. Themba Care it´s just, it´s giving hope to the children because we are receiving children from hospital, those children are having chronic illness, chronic disease. So when they discharge the children from hospital they send the children to Themba Care. So in Themba Care we are offering counseling to those mothers u know. Encouraging these mothers, just to give them hope that one day their children will be better in those illnesses.
57	Mrs. Brieschenk	Up to which age does Themba Care take children?
	00:00:46-2	
58	**Mrs. Tati**	Here in Themba Care we are taking children from zero to twelve
	00:00:50-3	years
59	Mrs. Brieschenk	For how long do the children stay at your organization in
	00:00:56-4	general?
60	**Mrs. Tati**	It depends. I can't just say there is no fix month but according to
	00:01:00-9	the department of health since they are funding Themba Care they are expecting the children to stay here for three months. But it depends to their medical issues and the social problems and it's really difficult to try to solve the social problems the parents are having in that moment.
61	Mrs. Brieschenk	We talked about the social problems. Which issues must a
	00:01:31-1	child or a family present to get transferred to Themba Care from the hospital on the social side?
62	**Mrs. Tati**	Yes, sometimes the hospitals are transferring the children to
	00:01:42-5	Themba Care here by us having these social problems. What kind of problems are they having? Sometimes the parents of the children, let's say maybe the parents are HIV-positive, that´s a social problem. She doesn't know how to deal official, that thing is affecting the child. Maybe the child also is HIV-positive which means the mother now must disclose to the family so that she can give the medication freely in front of the family. Sometimes the social problems, sometimes the parents they don't receive child support grand which is 250 Rand from government and what are their barriers from that, maybe the mother doesn't have

thoir id. So we help the mother, that the social problem. We help the mother to get the ID so she can apply for the birth certificate and go to apply for the child support grand. Other parents they don't have the houses, the place to stay. We do have those parents just to look other organizations who can help us to build whatever, we call it a shack. It's not a normal house, it's not a brick house, it's a zinc house. We call it a shack for those parents. So those are the social problems.

63	Mrs. Brieschenk 00:03:16-1	What does Themba Care do to give these children a normal environment?
64	**Mrs. Tati** **00:03:17-2**	As I said before through supporting these parents and their children, through education because we are educating the parents how to be a better parent without Themba Care because they are not going to stay here at Themba Care for their rest of their lives so we are trying to educate the parents, to encourage the parents so that they can take care of their children in a right way.
65	Mrs. Brieschenk 00:04:09-1	When it's coming to discharge the child which factors must the parents or people that will take the child fulfill before the child can get discharged?
66	**Mrs. Tati** **00:04:19-0**	As I said before said sometimes we are having the issues the parents haven´t disclosed to the family. We can't discharge that child because the mother, she won't be freely to give the medication tin front of the family so she must try to make in that around in that issue to disclosing so that we know, and then the family members they must come and visit, we must see the relationship within the family before we discharge the child.
67	Mrs. Brieschenk 00:04:54-7	Earlier you said the age of the children here is from 0 up to 5 years. That's the most important time for parents and children to build up a relationship between each other. How does Themba Care support that building-up relationship?
68	**Mrs. Tati** **00:05:11-8**	Yes, yes. You see here in Themba Care we are having these shack, next door shack where we have four beds. In these four beds we are allowing four mothers to sleep over. Sleep from Monday and leave on Friday. Others they can come on weekends if they are working. We are trying to build the relationship between the mother and the child. They can visit every time, any time they want to visit their child so we are building that relationship between them.
69	Mrs. Brieschenk 00:05:49-5	Does Themba Care also do the After Care?
70	**Mrs. Tati** **00:05:54-4**	I would say yes, I would say no. the reason why I would say it depends to the social workers extra mind. If the social workers you´ve had build a relationship with the client and then you want

		to see the client after he´s discharged you want to see the client is sustainable where she´s living I would say yes. That's why I'm saying yes or no. so there is no specific answer, it depends on the social workers extra mind.
71	Mrs. Brieschenk 00:06:27-5	What other people are involved in the case of a child?
72	**Mrs. Tati** **00:06:31-0**	In the case of a child is the whole family because the reason why I´m saying the whole family, sometimes the mothers they don't care a lot or the maternal family they don't care a lot sometimes and then you try to involve the paternal which means the side of the father. Involve them if the maternal side is not interested in the child so involve them. I'm not sure in your question you are asking in what sense
73	Mrs. Brieschenk 00:07:10-0	For example is it also social development?
74	**Mrs. Tati** **00:07:10-2**	Okay, okay, yes. Other people who are involved. Because we are referring some of the cases to social development since Themba Care is not doing secretary you have to transfer the case to social development that are referring the child to child welfare. Sometimes you look other institutions like the children´s home as we know Themba Care is not a children´s home. It´s just a place for just a short time of period, it's not a children´s home.
75	Mrs. Brieschenk 00:07:54-3	Why is it better for the children to stay at Themba Care comparing to the hospital?
76	**Mrs. Tati** **00:07:54-3**	I would say that our hospitals are full. They don't have enough beds. I would say that. I can put it that way. as they see that the child at least they´ve done their job on the side of medical so they want the child to come to Themba Care so that the child can be 100 % better before they go home. That is why sometimes at the hospital they ask Themba Care they don't have beds they are going to keep the child for three months or for four months or for five months depending if the social problem is solved or all that stuff. That is the reason why they are sending the children to Themba Care.

Literaturverzeichnis

ANDRE: *Glaubensrichtungen in Südafrika – Teil II: Christentum.* 2011. Online im Internet, URL: http://www.kapstadt-entdecken.de/glaubensrichtungen-in-suedafrika-teil-ii-christentum/8518 (Zugriff am 29.01.2012)

ANTONOVSKY, Aaron: *Gesundheitsforschung versus Krankheitsforschung.* In: FRANKE, Alexa; BRODA, Michael (Hrsg.): *Psychosomatische Gesundheit.* Versuch einer Abkehr vom Pathogenese-Konzept. Tübingen: dgvt-Verlag, 1993, S. 3-14.

ANTONOVSKY, Aaron; FRANKE, Alexa (Hrsg.): Salutogenese. *Zur Entmystifizierung der Gesundheit.* Tübingen: dgvt-Verlag, 1997.

ÄRZTE ZEITUNG ONLINE: *Fast jede dritte Schwangere in Südafrika HIV-infiziert.* Online im Internet, URL: http://www.aerztezeitung.de/medizin/krankheiten/infektionskrankheiten/aids/article/629197/fast-jede-dritte-schwangere-suedafrika-hiv-infiziert.html (Zugriff am 29.01.2012)

BAINBRIDGE, James et al.: *Südafrika, Lesoto & Swasiland* (2. Auflage). Ostfildern: Lonely Planet, 2010.

BAUCH, Jost: *Medizinsoziologie.* München/Wien: Oldenburg, 2000.

BÄUMER, Rolf; MAIWALD, Andrea: *Thiemes Onkologische Pflege.* Stuttgart: Georg Thieme Verlag, 2008.

BERNARD, David K.: *Holiness and Culture: Remaining Relecant in the Twenty-First Century.* Urshan Graduate School of Theology. 6-7. November 2008. Online im Internet, URL: http://www.upci.org/resources/instructional-devotional-leadership/56-holiness-and-culture (Zugriff am 29. Februar 2012).

BIBEL, Die: *Schlachter Übersetzung-Version 2000.* Nördlingen: C.H. Beck, 2004

BONELLI, Raphael: *Wer glaubt hat es leichter. Neue Studien zeigen - Religiosität hilft bei psychischer Erkrankung.* In: Vision 2000, 6/2007.

DALLMANN, Hans-Ulrich: *Das Recht auf Krankheit. Ein Beitrag zur Kritik der präventiven Vernunft.* In: NORD, Ilona; VOLZ, Fritz R. (Hrsg.): An den Rändern. *Theologische Lernprozesse mit Yorick Spiegel. Festschrift zum 70. Geburtstag,* S. 231-256. Münster: LIT Verlag, 2005.

EISENLÖFFEL, Ludwig D.: *Freikirchliche Pfingstbewegung in Deutschland: Innenansichten 1945-1985.* Göttingen: V&R Unipress, 2006.

ERTLTHALLNER, Bianca: *Krebs im Kinder- und Jugendalter. Kann soziale Betreuung während dem Spitalsaufenthalt der sozialen Isolation entgegenwirken?* 2009. Online im Internet. URL: http://www.kinderkrebshilfe.at/upload/6226_krebs-im-kindes-und-jugendalterErtlthallner.pdf

FELBINGER, Andrea: *Kohärenzorientierte Lernkultur: Ein Modell für die Erwachsenenbildung.* Wiesbaden: VS Verlag für Sozialwissenschaften, 2010.

FOR THE CAUSE: *Themba Care Athlone:* Online im Internet, URL: http://www.forthecause.co.za/view_cause.php?causeid=themba_care_athlone (Zugriff am 5. März 2012).

FOURIE, Bernard: *Tubercolosis. The burden of tuberculosis in South Africa.*1999. Online im Internet, URL: http://www.sahealthinfo.org/Tuberkulose/Tuberkuloseburden.htm (Zugriff am 29. Februar 2012).

FRANKL, Viktor E.: *Sinn als anthropologische Kategorie (2.* Auflage). Heidelberg: Universitätsverlag Winter GmbH Heidelberg, 1998.

FRANKL, Viktor E.: *Logotherapie und Existenzanalysse. Texte aus sechs Jahrzehnten* (3. Auflage). Weinheim/Basel: Beltz, 2010.

FREDRICKSON, Barbara L.: *Die Macht der guten Gefühle.* Ulm: Campus Verlag GmbH, 2011.

HAHN, Udo: *Sinn suchen - Sinn finden. Was ist Logotherapie?* (15. Auflage). Göttingen/Zürich: Vandenhoeck und Ruprecht, 1994.

HAUTMANN, Oliver: *Polytraumaversorgung. Von Südafrika und den USA lernen.* In: Deutsches Ärzteblatt, Heft 14, Jg. 108 (2011), S. (A.) 754-756. Online im Internet, URL: http://www.aerzteblatt.de/archiv/84072?src=toc (Zugriff am 29. Februar 2012)

HIBBELER, Birgit: *Christiaan Barnard. Star im OP und in den Klatschblättern. In: Deutsches Ärzteblatt,* Heft 51-52, Jg. 104 (2007), S. (A.) 3563. Online im Internet, URL: http://www.aerzteblatt.de/archiv/58378/Christiaan-Barnard-Star-im-OP-und-in-den-Klatschblaettern (Zugriff am 29. Februar 2012).

HOMFELDT, Hans G.: *Soziale Arbeit im Gesundheitswesen und in der Gesundheitsförderung.* In: Thole, Werner (Hrsg.): *Grundriss Soziale Arbeit. Ein einführendes Handbuch* (4. Auflage). Opladen: Leske+Budrich. 2012, S. 489-504.

HURRELMANN, Klaus: *Gesundheitssoziologie. Eine Einfühung in sozialwissenschaftliche Theorien von Krankheitsprävention und Gesundheitsforschung* (7. Auflage). Weinheim/München: Juventa, 2010.

INDEX MUNDI: *South Africa Unemployment. Youth ages 15-24.* Online im Internet, URL: http://www.indexmundi.com/south_africa/youth_ages_15-24_unemployment.html (Zugriff am 14. Februar 2012).

JASPERS, Karl: *Die Idee des Arztes.* In: JASPERS, Karl: *Philosophische Aufsätze,* S. 111-120. Frankfurt am Main: Fischer Bücherei, 1967.

JENNING, Theresa: *Interview mit der Ärztin Dr. Theresa Jennings bei Themba Care,* Interview geführt von Daniela Brieschenk am 07. November 2011. Themba Care Athlone, Kapstadt.

KALUZA, Gert: *Stressbewältigung. Trainingsmanual zur psychologischen Gesundheitsförderung.* Berlin/Heidelberg: Springer Verlag, 2011.

KAPSTADT-NEWS: Australien löste 2007 Südafrika als weltweit größten Goldproduzent ab. Beitrag Nr.: 460, 2008. Online im Internet, URL: http://www.kapstadt-news.de/news/460.htm (Zugriff am 09 März 2012)

KATIZA, Anna: Grafik. *Symptome vs. Ressourcen.* In: Der Mensch, Wissenschaft - Aus Forschung und Lehre - Mehr Salutogenese in der Lehre. Förderung der ressourcenorientierten Sichtweise beim Studierenden. Heft 38, Jg.1 (2007). Online im Internet, URL: http://www.dachverband-salutogenese.de/cms/dermensch38_salutogenese-studium.html (Zugriff am 7. Februar 2012).

KICKBUSCH, Ilona: *Vom Umgang mit der Utopie. Anmerkungen zum Gesundheitsbegriff der Who.* In: Abholz, Heinz-Harald et al. (Hrsg.): *Risikofaktorenmedizin.* Berlin: de Gruyter, 1982, S. 267-276.

KOLIP, Petra et al., 2010: *Gesundheit: Salutogenese und Kohärenzgefühl.* In: Wydler, Hans et al., 2010: *Salutogenese und Kohärenzgefühl: Grundlagen, Empirie und Praxis eines gesundheitswissenschaftlichen Konzepts* (4. Auflage). Weinheim/München: Juventa, 2010, S. 11-20.

KÖPPEL, Monika: *Salutogenese und Soziale Arbeit.* Lage: JACOBS, 2003.

KOSCHORKE, Klaus: *Einstürzende Mauern - Das Jahr 1989/90 als Epochenjahr in der Geschichte des Weltchristentums.* Wiesbaden: Harrassowitz, 2009.

KUNZE, Claudia: *Gesund sein, sich gesund fühlen - Soziale Einflussfaktoren auf die Gesundheit.* Norderstedt: Books on Demand, 2007.

LAMPRECHT, Friedhelm; JOHNEN, Rolf: *Salutogenese: Ein neues Konzept in der Psychosomatik? Kongreßband der 40. Jahrestagung des Deutschen Kollegiums für Psychosomatische Medizin.* Frankfurt : VAS, 1997.

LENZ, Albert; STARK, Wolfgang: *Empowerment: Neue Perspektiven für psychosoziale Praxis und Organisation.* Tübingen: DGVT, 2002.

LICHTE, Thomas; HERRMANN, Markus: *Mehr Salutogenese in der Lehre. Förderung der ressourcenorientierten Sichtweise bei Studenten.* In: Der Mensch, Heft 38-1/2007, Wissenschaft - Aus Forschung und Lehre - Mehr Salutogenese in der Lehre. Förderung der ressourcenorientierten Sichtweise beim Studierenden. Online im Internet, URL: http://www.dachverband-salutogenese.de/cms/dermensch38_

salutogenese-studium.html (Zugriff am 7. Februar 2012).

LODDENKEMPTER, Robert; HAUER Barbara: *Resistente Tuberkulose: Große Herausforderung durch eine Weltepidemie.* In: Deutsches Ärzteblatt International, Heft 1-2, Jg. 107 (2010), S. 10-19. Online im Internet, URL: http://www.aerzteblatt.de/archiv/67255. (Zugriff am 5. März 2012).

MAY, Julian: *Poverty and inequality in South Africa.* South Africa Government Online, 1999. Online im Internet, URL: http://www.info.gov.za/otherdocs/1998/poverty/presentation.pdf (Zugriff am 1. März 2012).

MILLER-McLEMORE Bonnie: *The Wiley Blackwell Companion to Practical Theology.* West Sussex: Wiley-Blackwell , 2012.

NEL, Michael John: *The ancestors and Zulu family transitions: A Bowen theory and practical theological intertretation.* 2007. Online im Internet, URL: http://uir.unisa.ac.za/bitstream/handle/10500/1629/thesis.pdf?sequence=1 (Zugriff am 4. März 2012).

NOWAK, Kurt: *Das Chrsitentum: Geschichte, Glaube, Ethik* (4. Auflage). Nördlingen: C. H. Beck, 2007.

NOWAK, Rosa C.: *Transaktionsanalyse und Salutogenese - Der Einfluss transaktionsanalytischer Bildung auf Wohlbefinden und emotionale Lebensqualität.* Münster: Waxmann Verlag GmbH, 2011.

OJEWOLE John A. O.: *Südafrikanische Medizinpflanzen in der Zulu-Volksmedizin.* In: GOTTSCHALCK-BATSCHKUSS Christine E.; GREEN Joy C. Green: *Handbuch der Ethnotherapien.* Hamburg: Die Deutsche Bibliothek, 2002, S. 197-208.

OPPERMANN, Kerstin: *Wozu Leben? Logotherapeutische Selbsterfahrung und Biografiearbeit.* Volkach: Verlag der Ideen, 2010.

OTTMANN, Nikolaus: *Glaube, der Mut macht: Einführung in die Grundlagen des Christentums und der Kirche.* Berlin: LIT, 2010.

PAULS, Helmut: *Klinische Sozialarbeit: Grundlage und Methoden psycho-sozialer Behandlung.* Weinheim/München: Juventa, 2011.

ROTHSCHUH, Karl Ed: *Was ist Krankheit? Erscheinung, Erklärung, Sinngebung.* Darmstadt: Wissenschaftliche Buchgesellschaft, 1975.

RÜCKER, Daniel: Südafrika - Große Unterschiede in der Versorgung. In: *Pharmazeutische Zeitung*, Heft 24, Jg. 2012, Online im Internet, URL: http://www.pharmazeutische-zeitung.de/index.php?id=34214 (Zugriff am 1. März 2012).

SAMEL, Gerti; SCHNEIDER, Sylvia: *Finde deinen Lebenssinn: Sieben Wege zu einem erfüllten Dasein.* Heidelberg: mvg Verlag, 2007.

SANDER, Klaus; ZIEBERTZ, Thorsten: *Personenzentrierte Beratung. Ein Lehrbuch für Praxis und Ausbildung,* Weinheim/München: Juventa, 2010.

SCHMITT, Stefan: *Atheismus in Zahlen. Erlösung unerwünscht.* In: *Die Zeit*, Heft 37 Jg. 2010. Online im Internet, URL: http://www.zeit.de/2010/37/Atheismus-Empirie. (Zugriff am 2. März 2012).

SCHNEBEL, Stefanie: *Professionell beraten. Beratungskompetenz in der Schule.* Weinheim/Basel: Beltz, 2007.

SCHULZ, Jörg; WIESMANN, Ulrich: *Zur Salutogenetischen Denkweise bei der Betrachtung des Menschen.* In: *Salutogenese - Der Mensch als biopsychosoziale Einheit*, Heft 1, Jg. 2007, Online im Internet, URL: http://www.salutogenese.net/ (Zugriff am 1. März 2012).

SENGER, Tim: Zulu Celebrations. 2004. Online im Internet: URL: http://www.edzimkulu.org/from_the_project/articles/040522.html (Zugriff am 04. März 2012).

SIEGRIST, Johannes: *Medizinische Soziologie* (6. Auflage). München: Elsevier GmbH, 2005.

SINGER, Susanne; BRÄHLER, Elmar: *Die »Sense of Coherence Scale«. Testhandbuch Zur Deutschen Version.* Göttingen: Vandenhoeck & Ruprecht, 2007.

SPERLICH, Stefanie: *Verringerung gesundheitlicher Ungleichheit durch Empowerdment: Empirische Analyse der Gesundheitseffekte für sozial benachteiligte Mütter.* Wiesbaden: VS Verlag, 2009.

STARK, Wolfgang: *Empowerment. Neue Handlungskompetenzen in der psychosozialen Praxis.* Freiburg: Lambertus, 1996.

STASTISTICS SOUTH AFRICA: *Quaterly Labour Force Survey (QLFS), 4th Quarter.* 2011. Online im Internet, URL: http://www.statssa.gov.za/PublicationsHTML/P02114thQuarter2011/html/P02114th Quarter2011.html (Zugriff am 1. März 2012).

STATISTISCHES BUNDESAMT: *Arbeitsmarkt. Arbeitslosenquote Deutschland.* 2012. Online im Internet, URL: http://www.destatis.de/jetspeed/portal/cms/Sites/destatis/Internet/DE/Content/Stati stiken/Zeitreihen/WirtschaftAktuell/Arbeitsmarkt/Content75/arb210a.psml (Zugriff am 1. März 2012).

STRAUß, Bernhard; Mattke, Dankwart: *Gruppenpsychotherapie. Lehrbuch für die Praxis.* Berlin, Heidelberg: Springer Verlag, 2012.

TATI, Virginia: *Interview mit der Sozialarbeiterin Virginia Tati bei Themba Care,* Interview geführt von Daniela Brieschenk am 17. November 2011. Themba Care Athlone, Kapstadt.

THEUNISSEN, Georg: *Empowerment und Professionalisierung.* In: *Heilpädagogik online. Die Fachzeitschrift im Internet.* Heft 4/03, Jg. 2, (2003), S. 45-81. Online im Internet, URL: http://www.sonderpaedagoge.de/hpo/heilpaedagogik_online_0403.pdf (Zugriff am 26. März 2012).

TÖNNIES, Sven: *Selbstkommunikation. Empirische Befunde zu Diagnostik und Therapie.* Heidelberg: Asanger, 1994.

UNICEF: *Welt-AIDS-Konferenz in Toronto. Bericht zu AIDS-Waisen in Afrika - „Afrikas verwaiste Generationen".* 2006. Online im Internet, URL: http://www.unicef.de/presse/pm/2006/aids-waisen/ (Zugriff am 23. März 2012).

VEREIN FÜR SOZIALGESCHICHTE DER MEDIZIN: *Virus. Beiträge zur Sozialgeschichte der Medizin 4.* Wien: Lit Verlag, 2004.

VÖLKER, Ulrich: *Humanistische Psychologie. Ansätze einer lebensnahen Wissenschaft vom Menschen.* Weinheim: Beltz, 1980.

WAGNER-LINK, Angelika: *Aktive Entspannung und Stressbewältigung (6. Auflage).* Renningen: expert verlag, 2009.

WASHINGTON TIMES: *BAN KI-MOON. The Stigma factor.* 2008. Online im Internet, URL: http://www.washingtontimes.com/news/2008/aug/06/the-stigma-factor/ (Zugriff am 29. Februar 2012).

THE WORLD BANK: *Country and Lending Groups.* Online im Internet, URL: http://data.worldbank.org/about/country-classifications/country-and-lending-groups#OECD_members (Zugriff am 21. Februar 2012).

WORLD HEALTH ORGANIZATION (WHO): *WHO REPORT 2007. Global tuberculosis control – Surveillance, Planning, Financing.* Online im Internet, URL: http://www.who.int/Tuberkulose/publications/global_report/2007/pdf/full.pdf (Zugriff am 25. Februar 2012).

WORLD HEALTH ORGANIZATION (WHO): *WHO REPORT 2009. Global tuberculosis control - epidemiology, strategy, financing.* Online im Internet, URL: http://www.who.int/Tuberkulose/publications/global_report/2009/pdf/full_report.pdf (Zugriff am 25. Februar 2012).

WORLD HEALTH ORGANIZATION (WHO): *WHO REPORT 2011. Global tuberculosis control.* Online im Internet, URL: http://www.who.int/Tuberkulose/publications/global_report/2011/gTuberkuloser11_f ull.pdf (Zugriff am 25. Februar 2012).

WORLD HEALTH ORGANIZATION (WHO): *Global HIV/Aids Response: Epidemic update and health sector progress towards Universal Access.* Progress Report. 2011. Online im Internet, URL: http://whqlibdoc.who.int/publications/2011/9789241502986_eng.pdf (Zugriff am 29. Februar 2011).

WORLD HEALTH ORGANIZATION (WHO): *Preamble to the Constitution of the World Health Organization as adopted by the International Health Conference,* New York, 1946.

WORLD HEALTH ORGANIZATION (WHO): *Einzelziele für "Gesundheit 2000". Einzelziele zur Unterstützung der europäischen Regionalstrategie für "Gesundheit2000".* Kopenhagen: Regional Office for EuropeVerlag, 1985.

WORLD HEALTH ORGANIZATION (WHO): The Ottawa Charter for Health Promotion. Copenhagen, 1987.

WORDEN, James William: *Grief counseling and grief therapy. A handbook for the mental health practitioner* (4. Auflage). New York: Springer publishing company, 2009.

ZENKER, Julia: *Traditionelle Medizin und Afrikanische Renaissance in Südafrika.* In: DILGER, Hansjörg; HADOLT, Bernhard (Hrsg.): *Medizin im Kontext. Krankheit und Gesundheit in einer vernetzen Welt:* Frankfurt am Main: Peter Lang, 2010, S. 223-244.

ZWINGMANN, Christian; MOOSBRUGGER, Helfried: *Religiosität. Messverfahren und Studien zu Gesundheit und Lebensbewältigung.* Münster: Waxmann Verlag GmbH, 2004.